C'EST MALIN

GRAND FORMAT

LUCILE QUILLET

JE DÉVELOPPE MON INTELLIGENCE ÉMOTIONNELLE

LEDUC.S
PRATIQUE

REJOIGNEZ LA COMMUNAUTÉ DES LECTEURS MALINS !

Inscrivez-vous à notre newsletter et recevez chaque mois :
- des conseils inédits pour vous sentir bien ;
- des interviews et des vidéos exclusives ;
- des avant-premières, des bonus et des jeux !

Rendez-vous sur la page :
https://tinyurl.com/newsletterleduc

Découvrez aussi notre catalogue complet en ligne sur notre site :
www.editionsleduc.com

Enfin, retrouvez toujours plus d'astuces et de bons conseils malins
sur notre blog : **www.quotidienmalin.com**
sur notre page Facebook : **www.facebook.com/QuotidienMalin**

Conseil éditorial : Sophie Carquain
Édition : Manuella Guillot
Maquette : Sébastienne Ocampo
Illustrations : Fotolia

29, boulevard Raspail
75007 Paris – France
ISBN : 979-10-285-1062-6
ISSN : 2425-4355

SOMMAIRE

INTRODUCTION
LES ÉMOTIONS, NOTRE MINE D'OR INSOUPÇONNÉE

C'est ce moment où vous ne pouvez arrêter de sourire quand vous êtes heureux. C'est regarder *Titanic* pour la énième fois et verser une larme quand Rose fait ses adieux à Jack (sur cette planche où il y avait pourtant de la place pour deux !). C'est avoir les mains moites à l'approche d'un entretien d'embauche à cause du stress. Claquer la porte de chez vous un soir de colère car votre partenaire n'a toujours pas fait la vaisselle. Se sentir accompli quand vous obtenez la promotion que vous méritez. Crier sur vos enfants parce qu'ils ne vous écoutent jamais. Être à la fois excité et anxieux quand vous arrivez dans un pays étranger. Avoir envie de pleurer après avoir raté vos photos de vacances. Vous sentir nul de ne toujours pas réussir à faire un quatre-quarts. Sauter en l'air à l'annonce du mariage de votre meilleure amie. Critiquer automatiquement votre responsable quand il vous fait des remarques. Rater votre bus et avoir l'impression que le monde entier est contre vous...

Chaque jour, chaque minute, nous ressentons des émotions. Heureusement, puisqu'elles sont le sel de notre vie, cette chose qui colore notre quotidien et nous rend humains. Sans elles, nous serions réduits au statut de robots… et la vie serait profondément ennuyeuse ! Nos émotions peuvent être merveilleuses, mais aussi dangereuses quand elles déferlent sur nous tel un tsunami et nous mettent dans des états qu'on ne contrôle pas. Ces comportements mettent à nu nos limites et notre vulnérabilité. Aussi nous méfions-nous très souvent de nos propres émotions.

Bon nombre de gens considèrent les émotions comme une preuve de faiblesse, quelque chose qui nous rend vulnérables ou hystériques. Oui, on a longtemps privilégié le QI, la logique, la morale… mais le vent tourne : les neurosciences attestent de l'existence d'une « intelligence des émotions ». Celles-ci sont en réalité un matériau précieux, mais surtout une force insoupçonnée que l'on peut exploiter pour stimuler notre vie… à condition d'apprendre à les apprivoiser ! Comment faire de ce feu violent un petit réchaud qui améliorerait notre quotidien ? Là est le principe de l'intelligence émotionnelle (IE).

L'intelligence émotionnelle, c'est le mariage de notre affect et de notre savoir. Être « émotionnellement intelligent », c'est être capable de prendre du recul pour ne plus réagir à chaud, analyser son émotion pour en faire un moteur et mieux résoudre les conflits relationnels. Envers soi-même, mais aussi avec les autres.

Comment faire ça en trente secondes, qui plus est lors d'une discussion houleuse ? C'est le but du livre que vous tenez entre vos mains : apprendre simplement à cultiver son IE avec des exercices pratiques, des questions repères et une bonne dose d'introspection, de résilience et d'autodérision.

Attention : l'IE ne revient pas à atténuer ou à cacher ses émotions. Il s'agit plutôt de se connaître vraiment, se comprendre et réussir à être soi, à se déployer pleinement, au summum de ses capacités et de ses relations aux autres.

En résumé, c'est savoir bien doser le sel pour donner à la vie toute sa saveur. Prenez un cahier pour vous exercer avec moi... et mettons-nous à table !

1

L'INTELLIGENCE ÉMOTIONNELLE, C'EST QUOI ?

Chapitre 1

Une émotion, ça sert à quoi ?

Prenez une grande inspiration, tout va bien se passer ! Avant toute chose, expliquons rapidement comment fonctionnent nos émotions. En bref, les émotions sont des réactions psychiques à certaines sensations physiques ou à des faits extérieurs. Elles naissent dans notre cerveau, se traduisent dans notre corps et nous mettent dans toutes sortes d'états, inquiets, énervés, heureux, apaisés... Leur but ? Nous pousser à l'action pour répondre à deux instincts primaires : survivre et transmettre la vie. Les émotions sont là pour que nous puissions faire face aux situations et aux tâches que, seul, notre intellect ne pourrait affronter. Rassurant !

Le stress du premier rendez-vous

Cela fait des semaines que vous attendez ce rendez-vous galant. Vous avez sorti vos plus beaux habits, préparé des sujets de conversation de secours et prévu deux ou trois blagues Mais une fois dans la rue, vous avez le trac. Vous transpirez, votre cœur bat la chamade, vous avez peur de ne pas être à la hauteur. Et si l'autre ne vous plaisait pas ? Et s'il vous trouvait ennuyeux ? Finalement, ces habits, c'est un peu trop, non ? Vous vous laissez envahir par le stress et l'angoisse. Sous la pression, vous faites demi-tour et envoyez un texto prétextant une grippe subite. Vous n'avez pas pu réguler votre émotion.

COMMENT ÇA MARCHE ?

Comment tout cela fonctionne-t-il ? Rappelons tout d'abord que nous avons trois cerveaux :

- le reptilien qui assure nos besoins primaires et les fonctions de base ;
- le néocortex qui s'occupe du raisonnement et de la réflexion ;
- et, enfin, le cerveau émotionnel : c'est ici que se situe l'amygdale, qui va libérer les décharges émotionnelles. Elle est aussi le siège de notre mémoire affective.

À l'arrivée d'une information (par exemple, « un lion est là »), un circuit se met en place, un peu comme une boule du Loto® qui glisserait le long d'un tube gigantesque : l'information passe dans le cerveau émotionnel qui va faire appel à sa mémoire (« J'ai vu ce film où une antilope se faisait dévorer par un lion ; j'étais effrayé ») pour solliciter le système de récompense ou d'alerte (ici, bien évidemment, c'est l'alerte). L'amygdale décharge alors une émotion (« J'ai peur »). Elle transite ensuite par le néocortex qui va activer la logique et le savoir pour déboucher sur une décision finale (« Il faut se protéger » ; « Mieux vaut monter sur un arbre »). Sans vos émotions, vous seriez donc dévoré tout cru par ce fameux lion : sans peur, nous ne fuyons pas face au danger...

Ceux qui voudraient opposer raison (savoir) et émotions ont donc tort : elles sont complémentaires. L'émotion assure notre survie et la raison nous permet d'augmenter encore plus nos chances de sauver notre peau. L'émotion première est telle une pierre brûlante et ne nous permet pas de prendre de bonnes décisions. Au fur et à mesure qu'elle avance dans le circuit, elle se refroidit à travers les filtres de l'expérience, de la raison et du savoir. C'est ainsi que nous pouvons prendre la meilleure décision. Aussi dit-on communément qu'il ne faut pas « réagir à chaud ».

Dans certains cas, le néocortex est court-circuité, et le cerveau émotionnel décide seul de l'action. Cela nous pousse en général à agir de façon assez irrationnelle. C'est ce qu'on appelle un « coup d'État émotionnel ».

L'ÉMOTION À PERDRE LA RAISON

Rappelez-vous de ce moment où votre émotion a pris le pas sur votre raison. Racontez cet événement et imaginez ce qu'il aurait pu se passer si vous aviez attendu 24 heures avant de réagir.

D'OÙ VIENNENT NOS ÉMOTIONS ?

Pourquoi, au parc d'attractions, perché en haut du grand huit, vous avez une peur bleue tandis que votre ami, juste à côté, lève les bras et tire la langue de joie ? Pourquoi, dans une seule et même situation, les émotions peuvent-elles être diamétralement opposées ? Tout dépend de notre valise personnelle ! Nos émotions dépendent en effet beaucoup de notre expérience, nos acquis, notre héritage familial, tout ce qui forme notre « éducation émotionnelle ». En observant son entourage réagir aux différentes émotions qu'il exprime, l'enfant met en place une grille de lecture qui va lui servir de guide pour la suite de sa vie. Si sa famille a un panel limité de réactions, il va réguler et exprimer ses émotions de façon extrême.

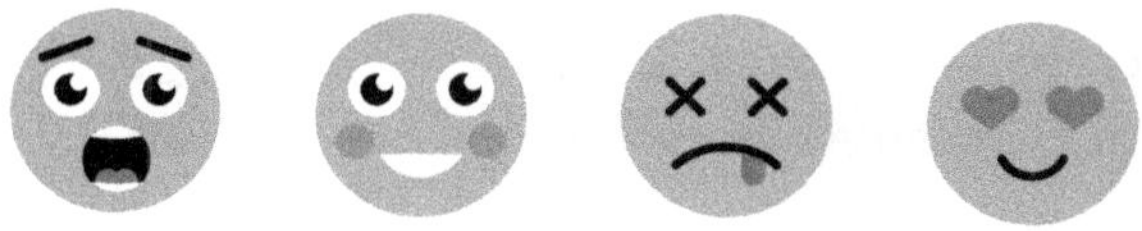

« Tu te tais, ou c'est la gifle ! »
Si vos parents réagissaient à la colère par la violence, vous avez de grandes chances de marier également ces deux dimensions. « Quand l'autre crie, on le gifle » : c'est la leçon qu'ils vous ont enseignée.

Plus votre famille vous montre qu'on peut réagir de plusieurs façons à chacune des émotions selon tel ou tel contexte, plus vous allez être flexible et avoir une grande « fenêtre de tolérance émotionnelle ».

Je vous entends souffler. « Encore une fois, mon enfance va déterminer ma vie et je n'y peux rien » pensez-vous, dépité. Faux : l'apprentissage émotionnel que vous avez reçu n'est pas figé dans le marbre. Il faut l'étudier, l'apprivoiser, le modeler. C'est là tout l'intérêt de l'intelligence émotionnelle.

POURQUOI LES ÉMOTIONS SONT AU CŒUR DE NOTRE VIE SOCIALE

Notre vie sociale dépend entièrement de nos émotions. Bébé, nous ne savions pas parler, mais nous communiquions nos besoins à nos parents en exprimant nos émotions sur notre visage (et avec nos cordes vocales, évidemment). Au fil de notre vie, les émotions sont le moteur d'un tri sélectif qui dessine notre panorama social et définit en partie notre rapport aux autres.

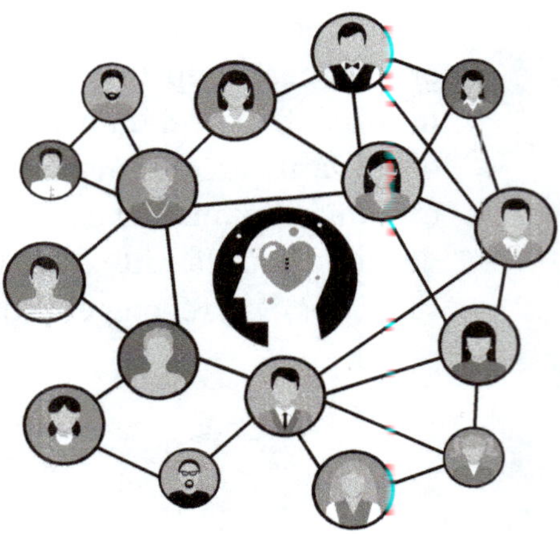

Thomas ou Marine ? Les amitiés sélectives

« Parce que Thomas me fait rire et aime, comme moi, les films des années soixante, il active mon « système de récompense » : je me sens bien avec lui, je vais solliciter sa compagnie et il va devenir un ami. Face à lui, je serai d'autant plus agréable qu'il aura lui aussi envie que l'on devienne amis.

En revanche, Marine m'agace au plus haut point : sa voix me rappelle celle d'une maîtresse d'école qui était dure avec moi. Elle parle trop et très vite, elle active mon « système d'alerte » : je vais m'en éloigner. »

C'est ainsi que notre mémoire émotionnelle impacte durablement notre vie. Malheureusement, nous ne pouvons pas tourner le dos à ceux qui nous déplaisent en toutes circonstances, notamment au travail, ou encore à cette soirée où vous croisez ces amis d'amis qui vous exaspèrent. C'est aussi dans ces cas de figure que l'intelligence émotionnelle va vous aider.

QUI EST VOTRE MOUTON NOIR ?

Nous avons tous dans notre entourage une personne que l'on n'aime pas vraiment sans pour autant la connaître. C'est l'ami d'ami qu'on trouve pédant, le collègue qui a l'air d'un boulet ou cet ami Facebook auquel on n'a jamais vraiment parlé… « Sa tête ne me revient pas » ; « Je ne le sens pas » dit-on en général.

Choisissez votre personne « mouton noir » et décrivez les émotions qu'elle vous inspire, ce à quoi elle vous fait penser.

Les émotions veulent s'exprimer à travers l'action. Mais que se passe-t-il si nous n'en faisons rien ? Elles restent enfouies en nous avec pour risque de nous scléroser. Certains spécialistes appellent cela « la loi des 21 jours » : au-delà de ce laps de temps, si nous n'avons pas traduit l'émotion en action, celle-ci va se loger en tant que « marqueur négatif » dans notre mémoire. Un peu comme des petits déchets, ces marqueurs polluent notre environnement mental. Et, *a priori*, ça nous rend rarement très heureux.

EXPRIMEZ VOTRE RANCŒUR

Pensez à ce qui vous pèse sur le cœur depuis quelques semaines... Ça peut être votre enfant qui vous a mal parlé, ce collègue qui a récupéré en douce votre dossier, votre partenaire qui passe ses soirées devant l'ordinateur... Choisissez une façon de l'exprimer parmi ces quatre options :

- Je parle à la personne concernée en lui disant ce que j'ai ressenti.
- Je dessine mon état mental (vous pouvez dessiner un visage attristé, en colère... Choisissez bien vos couleurs !).
- J'écris pour moi ce qui s'est passé et comment je me suis senti.
- Je rédige une lettre pour la personne concernée, mais je ne la lui donne pas.

Chapitre 2

La grande famille des émotions

Pour cultiver notre intelligence émotionnelle, il faut savoir distinguer les différentes émotions qui nous traversent. On en distingue trois types :

- les quatre émotions de base ;
- les émotions secondaires ;
- les émotions « d'arrière-plan ».

LES QUATRE ÉMOTIONS DE BASE : LES COULEURS PRIMAIRES DE NOTRE VIE

Ce sont les quatre natures d'émotions qui sont à la racine de toutes les autres :

- la tristesse ;
- la peur ;
- la colère ;
- la joie.

Certains spécialistes ajoutent aussi le dégoût et la surprise.

Elles sont comme les couleurs primaires de notre palette d'émotions (d'ailleurs, on les appelle aussi « émotions primaires »). Ce sont des réactions brutes, quasi animales, incontrôlables et difficilement dissimulables puisqu'elles se manifestent de façon immédiate sur notre visage.

Le taxi arroseur

Vous vous êtes préparée durant deux bonnes heures pour vous rendre à cette soirée un brin guindée. Habits fraîchement repassés, brushing parfait, vous sortez de chez vous plus splendide que jamais quand un taxi débarque à toute vitesse, vous arrosant copieusement au passage. Heureusement, il ne vous a pas renversée. Oui, vous pouvez immédiatement remonter chez vous pour changer de tenue. Bref, ce n'est pas très grave. Pourtant, l'émotion de colère irradie en vous d'une façon si violente que vous allez insulter en pleine rue ce chauffeur qui est déjà bien loin.

Chaque émotion primaire a des niveaux d'intensité différents, comme pourrait l'imager une table de mixage en musique.

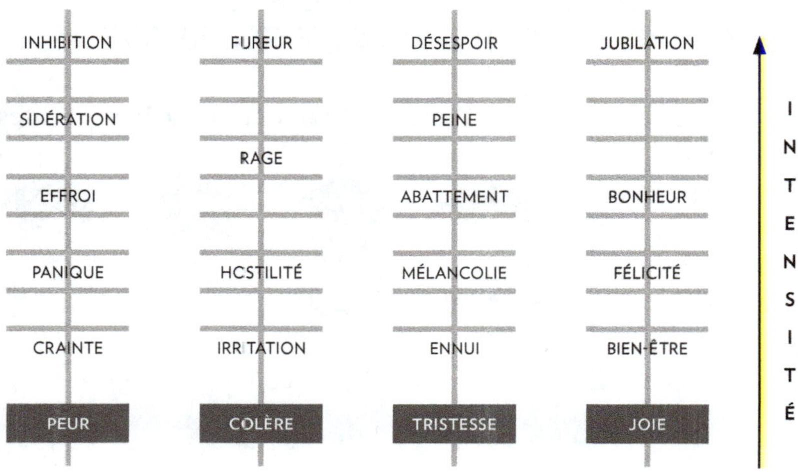

LES ÉMOTIONS SECONDAIRES, CELLES QUI NOUS RELIENT AUX AUTRES

On les appelle aussi « relations sociales » ou « complexes ». Ce sont la honte, la culpabilité, l'envie, le remords, la jalousie, le mépris, la compassion, la sympathie, l'orgueil, l'admiration, la gratitude, l'indignation... Ces émotions existent en miroir de la société. Nous les ressentons dès que l'on peut faire la différence entre soi et autrui. On comprend alors que les autres ont un avis sur nous et que leur regard a de l'importance. Souvent, ces émotions montrent comment on se positionne, comment on se considère dans le monde.

ASSUMEZ VOS HONTES... ET VOS FIERTÉS !

Rappelez-vous de votre plus grosse honte en public. Détaillez comment vous vous êtes senti à ce moment-là.
Faites de même avec votre plus grande fierté.

Les émotions secondaires s'ancrent profondément en vous : si vous pouvez les masquer en apparence, elles sont durables et font souvent écho à l'image que vous avez de vous en général. On ne peut pas changer d'un coup ces émotions-là. Cependant, en travaillant sur sa confiance en soi, on peut progressivement réussir à ressentir des émotions sociales plus valorisantes.

Le chantage affectif de l'ado
Votre fils de 10 ans vous réclame le dernier iPhone pour Noël. C'est bien trop cher pour un enfant de son âge, c'est pourquoi vous refusez. Mais, au fil des semaines, il ne vient plus vous faire de câlins, il ne parle que de sa camarade de classe qui,

elle, a un super smartphone. Vient ce moment où il dit : « De toute façon, tu ne m'aimes pas. » Vous culpabilisez d'office. Suis-je trop strict ? Suis-je un mauvais parent ? Au fond, vous avez peur de perdre votre enfant. Vous pensez que vous ne méritez pas d'être aimé pour votre seule personne mais que l'amour des autres s'achète toujours un peu à vos dépens.

Attention ! Ne laissez pas les autres choisir pour vous les émotions que vous devez ressentir. La trilogie *Fifty Shades of Grey* vous met en joie alors que tous vos proches affirment que c'est un nanar ? Assumez ! Vos amis pensent que vous êtes triste parce que votre copain vous a quittée… En fait, vous n'êtes pas triste mais en colère contre vous-même : vous auriez dû rompre vous-même !

LES ÉMOTIONS D'ARRIÈRE-PLAN : NOTRE FOND D'ÉCRAN

Optimisme, pessimisme, malaise, tension, irritabilité, disponibilité, ouverture, soumission… C'est la tonalité émotionnelle qui va donner le « La » à tous nos sentiments, à notre état d'esprit. Elle tapisse notre paysage émotionnel sur le très long terme et traduit souvent un conditionnement dans lequel on a été plongé durant l'enfance, *via* nos expériences, notre éducation et notre culture.

L'éternel insatisfait

Nous avons tous un ami pour lequel rien n'est jamais assez bien. La montre que sa famille lui a offerte pour Noël ? Il aurait préféré une autre marque. Ses vacances sur une île paradisiaque ? Il faisait trop chaud. Cette promotion qu'il a obtenue au bureau ? Il va devoir travailler encore plus

Si vous allez souvent partager joies et peines avec cet ami, il n'empêche que, de façon générale, il est toujours d'un pessimisme affligeant. C'est son émotion d'arrière-plan principale.

> ***L'optimisme d'Irina***
> *Irina semble n'avoir aucun problème dans la vie. Le jour où elle a raté son bac, elle s'est dit qu'elle avait au moins essayé. Quand elle a dû se rabattre sur un job alimentaire pour payer son loyer, elle a été très fière de pouvoir assurer son indépendance financière. Quand elle refuse de garder les enfants de sa sœur pour dépanner, elle se défend d'avoir le droit de ne pas vouloir être la « tata gâteau ».*

Bref, Irina semble avoir une bonne capacité à relativiser et à ne jamais culpabiliser. Son émotion d'arrière-plan est la satisfaction : elle est sûre d'elle et refuse de s'autoflageller. Petite, ses parents la rassuraient en lui disant qu'elle était forte et que rien ne pouvait l'atteindre. Si seulement nous pouvions tous être un peu plus des Irina...

ET SI VOUS ÉTIEZ UNE PLANTE VERTE ?

Pour vous familiariser avec les différentes strates d'émotions, rappelez-vous du dernier événement marquant que vous avez vécu. Essayez de vous représenter les émotions qui vous ont traversé comme si vous étiez une plante : l'émotion d'arrière-plan est votre terreau, l'émotion primaire la racine, et les émotions secondaires les branches et les feuilles.
Réfléchissez aussi à la plante : plutôt ficus ou plutôt cactus ?

LE RÉCAP'

6 raisons de chérir vos émotions

1. Elles vous différencient des robots.
2. Face à un danger, les émotions activent votre système d'alerte. Grâce à elles, vous pouvez tout simplement sauver votre peau !
3. Elles sont aussi à l'origine du plaisir que vous prenez à vivre puisqu'elles sont liées à votre système de récompense.
4. Sans émotions, vous n'auriez ni ami, ni ennemi. Et la vie serait bien ennuyeuse…
5. Elles appellent à l'action. Sans elles, vous passeriez sûrement des jours et des jours sur un canapé vautré dans l'inaction.
6. Les émotions vous permettent de vous surpasser et d'aller au-delà de ce que l'intellect seul ne pourrait gérer. Autrement dit, elles sont un superpouvoir !

TEST : CALCULEZ VOTRE QUOTIENT ÉMOTIONNEL

Avant d'aller plus loin, évaluons un peu votre quotient émotionnel (QE)… Attention ! Soyez honnête : choisissez les réponses qui vous ressemblent, pas celles qu'il « faut » choisir…

1) Votre meilleur ami Baptiste est enfin nommé chef ! Il organise une petite fête pour célébrer la nouvelle. De votre côté, vous n'obtenez jamais ce que vous voulez dans votre entreprise et ressentez d'un coup une vive frustration.

a. Vous choisissez de ne pas aller à la soirée pour rester chez vous faire le gros dos en regardant une série.
b. Vous décidez de vous rendre à la fête mais de ne pas rester plus d'une heure (vous n'êtes pas maso non plus !).
c. Vous allez à la soirée et en profitez pour demander à Baptiste des conseils pour avancer dans votre carrière.

2) Votre entourage vous offre un saut en parachute pour Noël. Problème : cela vous tétanise…

a. Vous leur demandez gentiment de changer de cadeau.
b. Vous les remerciez mais vous savez que vous ne le ferez jamais.
c. Super ! Vous allez pouvoir dépasser votre peur.

3) Au travail, votre patron a accepté d'augmenter votre salaire de 100 euros par mois ! Vous jubilez.

a. Vous payez un café à vos collègues les plus proches pour fêter ça.
b. Vous remerciez votre patron et écrivez aussitôt un texto à votre moitié.
c. Vous sautez en l'air partout dans l'open space… et racontez aussitôt la bonne nouvelle à vos collègues.

4) Votre fille de 13 ans vous demande de passer les vacances de Pâques avec sa copine Mila à la montagne plutôt qu'avec vous, chez vos parents qu'elle voit deux fois dans l'année.

a. Vous êtes déçu et lui dites non immédiatement.
b. Vous réfléchissez et ne voyez pas d'objection. Vous acceptez.
c. Vous lui accordez de passer une semaine avec son amie, à condition qu'elle passe l'autre avec ses grands-parents.

5) Dans la rue, vous roulez plutôt lentement quand la voiture qui vous colle depuis trois minutes vous rentre dedans par accident. L'automobiliste sort et se met à vous crier dessus.

a. Vous vous demandez s'il n'a rien et si tout le monde va bien.
b. Vous l'insultez de même et lui promettez qu'il va « raquer ».
c. Vous faites profil bas pour en finir le plus rapidement possible.

6) Votre moitié a oublié votre anniversaire.

a. C'est impardonnable. Vous lui faites une scène mémorable et quittez les lieux.

→

b. Vous lui dites en riant jaune que vous aimeriez l'inviter au restaurant pour votre anniversaire.
c. Vous comprenez et ne dites rien : votre conjoint a tellement de travail en ce moment…

7) Au bord de la piscine, votre mère vous fait encore une réflexion sur votre poids (comme l'année dernière).
a. Vous lui répondez que ça ne la regarde pas ! Mais vous êtes quand même blessé.
b. Vous lui dites avec humour que vous espérez ne pas vider la piscine en sautant dans deux minutes.
c. Vous rentrez aussitôt dans les vestiaires et vous morfondez. Vous savez qu'elle a raison : vous êtes vraiment trop gros.

8) Votre amie Élodie voit toujours le verre à moitié vide. Alors qu'elle se plaint cette fois-ci de ne pas avoir obtenu assez de *Like* à son dernier *post* Facebook,
a. vous explosez et lui dites qu'elle est insupportable !
b. vous lui demandez pourquoi elle a tant besoin de cette reconnaissance.
c. vous ne dites rien mais pensez fort que vous la verrez de moins en moins.

Résultats : comptabilisez vos points !

	1	2	3	4	5	6	7	8
A	1	2	2	1	3	1	2	1
B	2	3	3	2	1	3	1	2
C	3	1	1	3	2	2	3	1

Vous avez entre 0 et 7

Parfait : vous allez apprendre beaucoup de choses, et notamment sur vous ! En général, vous réagissez sous le coup d'une émotion forte parce que vous ressentez le besoin de vous défendre et vous décharger immédiatement. Vous avez du mal à comprendre les autres et les trouvez souvent égoïstes. Vous aimeriez changer mais tombez vite dans le fatalisme. Vous avez le bon livre entre les mains !

Vous avez entre 8 et 15

C'est pas mal... mais souvent vous ne faites que la moitié du chemin. Vous préférez fuir le conflit pour ne pas faire de vagues, mais n'en pensez pas moins. Vous tentez d'être en équilibre entre vos convictions et le fait de rester en bons termes avec les autres... et vivez parfois ces concessions comme des sacrifices. Vous avez un bon sens de l'analyse, mais vous avez besoin d'apprendre à agir avec l'intelligence émotionnelle.

Vous avez entre 16 et 24

Vous avez une très bonne base ! Vous avez de l'expérience et savez ce qui est bon pour vous la plupart du temps. Vous réussissez à vous mettre en empathie avec l'autre en général et essayez d'être un bon médiateur. D'ailleurs, vous êtes doué en communication : vous avez compris qu'on peut souvent guérir des situations avec de l'humour. Il y a de bonnes chances pour que l'intelligence émotionnelle devienne un superbe terrain de jeux pour vous !

Chapitre 3

L'intelligence émotionnelle, c'est quoi au juste ?

Une phrase résume très bien le concept d'intelligence émotionnelle : « Ne soyez pas l'objet de vos émotions, devenez le sujet de vos décisions. » L'intelligence émotionnelle, c'est le mariage entre notre affect et notre savoir pour faire de meilleurs choix.

Il faut pour cela apprendre écouter ses émotions, les identifier et les comprendre et bien les utiliser. Ensuite les émotions deviennent une force. Pour cela, voyons les cinq dimensions primordiales qui ont été établies par les spécialistes.

LA CONSCIENCE DE SOI

La conscience de soi, c'est comme un petit radar intérieur qui vous scanne en permanence. C'est elle qui vous murmure : « Non mais là, tu es fatigué... » ou « Tu réagis ainsi car tu n'as pas confiance en toi mais tout va bien se passer ». Grâce à ce surmoi, on se rend compte de ce qu'on pense, de ce qu'on ressent et, dans le meilleur de cas, des raisons qui ont fait émerger telle pensée ou émotion.

Avoir conscience de soi nécessite déjà de bien se connaître. Pour être émotionnellement intelligent, il faut avant toute chose être lucide sur soi-même. Souvent, on crée son propre *storytelling*, on met en avant une version de notre histoire qui nous arrange ou nous dévalorise (selon la confiance que l'on a en soi). Pourtant, en y regardant de plus près, on omet toujours de nombreux éléments à son propre sujet. Au final, on est rarement la meilleure personne pour parler de soi !

Avoir conscience de soi, c'est avoir en tête d'où l'on vient, quels sont nos points forts, nos points faibles, les traumatismes que l'on a pu avoir, l'éducation qu'on a reçue... C'est notre *background*, la fameuse « valise personnelle ». Cela nécessite donc de ne pas se mentir à soi-même.

En ayant une meilleure compréhension de soi-même, on réussit à mieux comprendre ses émotions. Ainsi, on dédramatise beaucoup de choses et on peut sortir des schémas limitants qui nous empêchent d'avancer.

> ***Julia et son « Ce n'est jamais assez »***
> *Julia est une femme brillante qui réussit : concours, entretiens d'embauche, contrats juteux avec des clients. Mais elle n'est jamais satisfaite d'elle-même : elle minimise souvent ses réussites, affirme que ce n'est pas assez et se concentre uniquement sur ce qu'elle n'a pas encore obtenu. Elle répète toujours : « Je n'ai encore rien prouvé. »*

Pourquoi un tel manque de confiance en elle ? Durant son enfance, les parents de Julia étaient très exigeants envers elle. Lorsqu'elle a redoublé une classe au collège, elle ne se l'est jamais pardonné. Quand bien même elle a largement démontré qu'elle était méritante, elle porte toujours cette honte en elle. Si Julia prenait conscience de ce *background*, sans doute pourrait-elle souffler et partir enfin en vacances...

FAITES VOTRE CV DE *BACKGROUND* ÉMOTIONNEL

Prenez votre cahier et un stylo, et complétez :

- Prénom :
- Décrivez en trois lignes votre éducation :
- Traits de personnalité de vos parents : qualités / défauts
- Traits de personnalité de vos frères et sœurs : qualités / défauts
- Dans la famille, vous vous sentez considéré comme...
- Enfant, vous étiez plutôt d'humeur....
- À l'école, avec les autres, vous étiez plutôt...
- Au travail, vous voulez surtout réussir à...
- Vos principales qualités :
- Vos principaux défauts :
- Vos plus grandes réussites, vos accomplissements :
- Vos plus grands échecs, vos déceptions :
- Les dix événements majeurs de votre vie :
- Vos envies aujourd'hui :

LA MAÎTRISE DE SOI

Parce que vous vous connaissez désormais un peu mieux, vous allez pouvoir prendre du recul sur les émotions que vous ressentez. C'est un peu comme si vous sortiez de vous-même et que vous vous perceviez comme un personnage dans une scène de film. Vous pouvez ainsi être objectif à votre propre sujet.

La maîtrise de soi est une dimension très importante de l'IE : elle nous permet de ne pas réagir sur un coup de tête, de prendre un peu de recul et de préparer l'analyse de la situation qui nous mènera à adopter la bonne réaction. On évite ainsi les regrets et la peine que l'on peut causer à autrui.

La perspicacité de Julien

La partenaire de Julien râle car il laisse toujours traîner ses affaires aux quatre coins de leur appartement. Julien est à deux doigts de l'envoyer paître sans ménagement. À la place, il souffle un grand coup et réfléchit : oui, il se sent agressé par ces remarques, comme s'il n'était pas un assez bon compagnon. Il a aussi conscience que son ancienne petite amie avait vraiment amenuisé sa confiance en lui à force de reproches permanents et, qu'aujourd'hui, il ne veut surtout pas revivre ça. Cela ne veut pas dire pour autant qu'il est parfait et qu'on ne peut rien lui dire. Il entend la remarque mais précise à sa partenaire qu'il préfère qu'on lui dise les choses calmement, sans faire de procès.

LA MOTIVATION

Les relations sociales, le travail, les loisirs, nos choix de vacances, notre liste de cadeaux de Noël... Nos objectifs personnels se traduisent à travers une multitude de petits détails. Tous les buts que l'on se donne forment notre « motivation », cet entrain qui fait que l'on se lève tous les matins et qu'on pense que la vie vaut la peine d'être vécue. La motivation est une dimension importante de l'intelligence émotionnelle, en particulier dans le cadre du travail. Elle permet de mieux fédérer les équipes, d'injecter plus d'optimisme et de ferveur et ainsi d'obtenir une plus grande satisfaction de ses salariés (et des meilleurs résultats, évidemment).

Il faut donc distinguer les motivations de surface (gagner plus d'argent), qui sont valables sur le court terme, et les motivations profondes qui donnent sens à l'existence (vouloir créer et transmettre un savoir, être aimé de tous, se rendre utile...).

> ***Comment remotiver Mathieu***
> *Véronique est chef d'entreprise et a des difficultés à communiquer avec Mathieu, un salarié qui ne présente pas de bons résultats. Dès qu'elle lui fait des remarques, ce dernier devient agressif. Véronique se souvient de l'entretien d'embauche de Mathieu : victime de phobie scolaire, sans diplôme, il voulait travailler pour gagner la reconnaissance de son entourage. Alors, au lieu de lui faire des reproches qui ressemblent à des critiques de prof, Véronique le félicite pour ses efforts et lui fait des suggestions avoir de meilleurs résultats et décrocher une meilleure prime de fin d'année (dont sa famille pourra profiter).*

L'EMPATHIE

Quand quelqu'un a un comportement incompréhensible, le premier réflexe est souvent d'adopter le même comportement extrême et – il faut l'avouer – assez stérile. Parce que l'autre crie, je vais crier. Parce qu'il me fait des reproches, je vais aussi le critiquer. Parce qu'il boude, je vais bouder... Rarement cette méthode a porté ses fruits !

En suivant le principe de l'intelligence émotionnelle, vous devez appliquer le même mécanisme d'analyse des émotions aux autres.

Cela nécessite d'avoir une bonne empathie pour son interlocuteur, son collègue, son ami, son rival, sa famille... Pouvoir se mettre à la place d'autrui est une tâche compliquée, mais l'indulgence et l'humilité seront vos alliées.

Pourquoi mon chef passe-t-il ses nerfs sur moi ? Pourquoi mon ado est-il toujours contre moi ? Pourquoi cette amie au chômage ne prend-elle même pas la peine de chercher du travail ? Derrière les défauts des autres se cachent souvent quelques blessures dont les propriétaires sont les premiers à souffrir. En se mettant en empathie, on évite d'entrer dans un dialogue de sourds où chacun défend son point de vue sans s'écouter, mais, surtout, on peut mieux comprendre l'autre et trouver la phrase, la corde sensible qui va lui parler et générer en lui du changement.

Juliette et ses désastres amoureux

Yasmine constate que son amie Juliette reproduit toujours les mêmes schémas amoureux, désastreux, avec des hommes compliqués, aux conduites borderline *ou dépendants affectifs. Chaque fin de relation s'ouvre sur une nouvelle relation du même type. Yasmine a arrêté de dire « Mais tu ne choisis que des hommes compliqués ! » car elle sait que Juliette n'a pas eu un modèle de relation équilibrée avec ses parents : son père était alcoolique et sa mère culpabilisait à l'idée de le quitter.*

Pour Juliette, l'amour se vit dans des conduites à risque et dans le sacrifice de soi. Et lui dire que c'est de sa faute ne l'aiderait pas à avancer...

COMMENT ÊTRE EN EMPATHIE AVEC UN ENQUIQUINEUR ?

Essayez de garder en tête ces quatre questions la prochaine fois que quelqu'un vous agace ou vous contrarie. Encore mieux, posez-les lui !

› Pourquoi me parle-t-il sur ce ton ?
› Que ressent-il ?
› Quel est son contexte du moment (stress, responsabilité, relations avec les autres...) ?
› Quels sont ses objectifs ? Qu'attend-il de moi ?

Combien d'entre nous, mesdames, ont déjà soupiré : « Mais pourquoi ne se met-il jamais à ma place ? » Souvent, les hommes semblent manquer terriblement d'imagination et de psychologie pour arriver à se plonger quelques secondes dans le costume de leur compagne, amie, collègue... La science a apporté sa pierre pour expliquer cette différence entre hommes et femmes. De nombreux facteurs nous conditionnent plus ou moins à l'empathie : notre contexte familial, notre culture... mais aussi notre sexe ! En effet, un fort niveau de testostérone *in utero* diminue les capacités empathiques du cerveau... et les fœtus mâles en auraient trois à quatre fois plus que leurs homologues féminins !

Le mari absent de Martine

Martine se souvient de la mort de son père, le pilier de la famille : toute sa tribu était en deuil Durant cette semaine particulièrement difficile, son mari a décidé de se mettre en disponibilité au travail pour faire des heures supplémentaires. Alors que Martine aurait eu besoin qu'il passe plus de temps auprès d'elle, son époux a montré ici un manque profond d'empathie, ou plutôt une incapacité totale à gérer le deuil, générant la fuite. Ironie du sort : c'est elle, Martine, qui a fait preuve d'empathie pour son conjoint !

LA GESTION DES RELATIONS ET LA RÉSOLUTION DES CONFLITS

Comprendre l'autre, c'est aussi comprendre qu'il est différent de nous et que nos solutions, nos besoins ne sont pas forcément les siens. En ayant fait un travail de conscience, de maîtrise de soi et d'empathie avec l'autre, on se met en capacité de résoudre un différend, une discussion difficile ou un conflit. On devine quels mots et quelle approche impacteront positivement notre interlocuteur. La balle est dans notre camp pour amorcer un réel dialogue et trouver un terrain d'entente. Évidemment, vous aurez compris que celui qui a une bonne intelligence émotionnelle est celui qui maîtrise le jeu des relations sociales… en faveur de tous ou de son seul bénéfice !

Jonathan, son fils, et sa nouvelle copine

Jonathan a rompu avec la mère de son fils, Enzo, il y a six mois et a vite retrouvé une nouvelle petite amie. Pour les vacances d'été, il a décidé de ne pas « choisir » et de passer ses dix jours de congé avec les deux. Rapidement, Enzo devient difficile : il fait des caprices, réclame sans cesse des câlins. Jonathan le dispute pour qu'il reste tranquille. Après quelques jours, il réalise qu'après la rupture familiale encore récente, son fils a sans doute besoin d'être conforté dans ses repères en passant un moment privilégié avec son père. Il expose alors sa théorie à son amie en lui demandant son avis. Celle-ci suggère qu'il passe au moins une semaine seul avec son fils. Elle-même n'a pas demandé à être « belle-mère » aussi rapidement.

LE QUOTIENT ÉMOTIONNEL, PLUS IMPORTANT QUE LE QI

Pendant des décennies, nous avons été obsédés par le QI, le quotient intellectuel ! Impitoyable, il séparait l'espèce humaine en deux catégories : les « intelligents » et les autres. Or, depuis les années quatre-vingt-dix, l'intelligence émotionnelle bouleverse nos croyances.

Les recruteurs assurent désormais que le quotient émotionnel (QE) est bien plus précieux que le QI. Pourquoi ? Parce qu'il permet d'assurer de meilleures relations sociales dans l'entreprise, d'employer des managers qui détectent les leviers de motivation de leurs salariés, d'avoir des personnes flexibles qui peuvent entendre des reproches sans se vexer et s'adapter au changement. Bonne nouvelle : tout le monde possède une intelligence émotionnelle ; de plus, celle-ci n'est jamais figée. Elle est votre trésor et il ne tient qu'à vous de le faire fructifier !

L'intelligence émotionnelle permet aussi de renforcer son sentiment de bien-être, ses relations avec les autres mais aussi sa longévité ! Les conséquences des émotions négatives sur la santé restent encore pour beaucoup méconnues. Et pourtant, bien des expressions montrent qu'elles sont reliées : « J'en ai plein le dos » ; « C'est triste à mourir » ; « Ça m'a fait froid dans le dos » ; « Il somatise »...

Le psychologue américain Daniel Goleman* – qui a popularisé le concept d'intelligence émotionnelle – a démontré dans ses recherches comment une mauvaise gestion des émotions produit des effets nocifs sur notre forme, notre moral et même notre longévité. Chez les anxieux chroniques, les cyniques, les méfiants, le risque de maladie comme les maux de tête, les ulcères, les maladies cardiaques seraient deux fois plus importants. Sous stress, nos défenses immunitaires diminuent. L'anxiété nous expose davantage au rhume, à la grippe ou à l'herpès. La colère et l'agressivité augmentent également le risque de maladie cardiaque. La dépression, elle, ne provoquerait pas de maladie, mais freinerait la guérison.

Les émotions « bloquées » en nous suite à un traumatisme ont aussi un coût sanitaire : nous somatisons autrement ce que l'on ne peut dire. Le silence agit alors comme une maladie. Rien qu'en exprimant ses soucis, en partageant ses peines, en couchant par écrit nos sentiments, notre système immunitaire s'améliore. Si l'on ne sait pas gérer ses émotions, communiquer avec les autres, on s'isole. Or l'isolement aurait des effets aussi néfastes que le tabagisme, l'obésité ou l'hypertension…

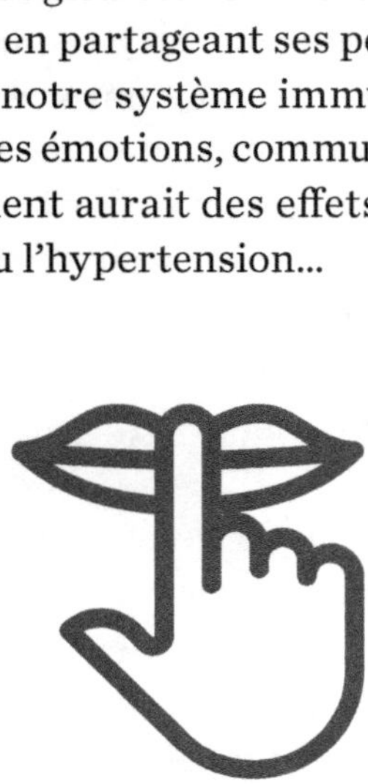

* *L'intelligence émotionnelle, tome 1 : Accepter ses émotions pour développer une intelligence nouvelle*, Robert Laffont, 1997, J'ai lu, 2003 ; *tome 2, Maîtriser nos émotions pour améliorer nos compétences personnelles et sociales*, Robert Laffont, 1999, J'ai lu, 2003.

LE RÉCAP'

Les 9 vertus de l'intelligence émotionnelle

1. Elle permet de comprendre qui l'on est. Rappelez-vous, Socrate disait : « Connais-toi toi-même. » C'est important, donc.
2. Vous éviterez de réagir de façon impulsive sous le coup de l'émotion (et, ainsi, de regretter ce que vous avez dit après coup).
3. L'intelligence émotionnelle vous rend plus objectif, vous pourrez relativiser des situations, les dédramatiser et aller de l'avant.
4. Vous saurez mieux aborder un conflit avec quelqu'un pour déboucher sur une solution (et non sur un dialogue de sourds).
5. Vous pourrez mieux conseiller vos proches et ainsi leur venir en aide.
6. Vous pourrez mieux atteindre vos objectifs sur le long terme.
7. Contrairement à ce que beaucoup peuvent penser, l'intelligence émotionnelle vous offre un vrai gain de temps ! Vous vous prenez moins la tête et arrêtez de ressasser des idées limitantes, car vous aurez appris à mieux les comprendre et à les déconstruire.
8. Vous ferez de vos défauts et de vos émotions négatives un moteur.
9. Vous pourrez sortir des schémas relationnels répétitifs et nocifs.

2

CULTIVER L'INTELLIGENCE ÉMOTIONNELLE ENVERS SOI-MÊME

11 SIGNES QUI PROUVENT QUE VOUS AVEZ BESOIN D'INTELLIGENCE ÉMOTIONNELLE POUR VOUS-MÊME

1. En règle générale, vous avez du mal à exprimer ce que vous ressentez.
2. Vous attendez d'exploser pour pouvoir dire ce que vous ressentez. Et, parfois, vous piquez des colères pour des broutilles.
3. Vous ne comprenez pas pourquoi vous ressentez certaines émotions à certains moments. Cela vous déboussole, vous ne savez pas comment réagir.
4. Vous faites souvent le Calimero. Vous pensez souvent que tout ce qui ne marche pas est dû à un facteur : la fatalité, vous, l'injustice...
5. Vous ruminez vos pensées négatives, vous vous dévalorisez très rapidement en pensant que vous êtes nul. Il vous faut souvent l'aide d'un ami pour relativiser.
6. Votre émotion est souvent exagérée par rapport à la situation. Vous avez du mal à vous en sortir. Vous pensez que rien de bon ne peut sortir de la colère, de la tristesse et de la peur.
7. Vous dites ce que vous pensez d'abord et réalisez après coup que vous auriez pu avoir plus de tact.
8. Vous choisissez toujours la réaction qui vous fait du bien sur le court terme, mais pas sur le long terme.
9. Vous envisagez très souvent après coup les solutions qui étaient possibles sur le moment. Le fameux « J'aurais dû... »
10. Quand quelque chose (ou quelqu'un) vous plaît, vous vous emballez très (trop) vite. Quitte à oublier d'être raisonnable...
11. Vous êtes bien plus sévère avec vous-même qu'avec vos amis.

Chapitre 1

Développer la conscience et la connaissance de soi

URGENCE ! COMMENT CALMER LA TEMPÊTE ÉMOTIONNELLE ?

Combien de fois par semaine, par jour, nous laissons-nous déborder par nos émotions ? Pour les apprivoiser et en tirer le meilleur parti, il faut déjà apprendre à avoir un certain recul sur soi, la situation et ses ressentis. En général, on appelle ça « avoir du sang-froid ».

> ***Face au guichetier de la mairie***
> *Vous êtes partie dans une rage folle. Après une heure de queue à la mairie, le guichetier vous dit qu'il manque encore un document pour compléter votre dossier. C'est la troisième fois que vous venez en un mois. Vous lui demandez pourquoi il ne l'a pas mentionné la dernière fois. Il hausse les épaules, sans vous regarder dans les yeux, et demande à la personne qui vous suit dans la queue de s'approcher. Un tel manque d'empathie et d'humanité vous stupéfie. Vous lui faites un scandale et passez pour une hystérique aux yeux de tous. En sortant, vous vous en voulez d'avoir réagi de façon si disproportionnée.*

L'émotion appelle à l'action, certes, mais pas n'importe laquelle. Le but est de ne pas agir d'une façon que vous allez regretter.

Avant même d'entrer dans l'analyse, vous devez éviter de vous faire dépasser par votre émotion. Vous êtes dans une zone rouge et vous devez faire redescendre la température !

La première étape consiste à objectiver votre émotion. Et la première étape de cette étape est de canaliser l'émotion, de ne pas la laisser tout gâcher. Si vous ne pouvez pas changer la situation ni votre émotion, vous pouvez en revanche en réduire l'intensité et la durée.

Pour faire retomber la pression, trois stratégies : se calmer physiquement, relativiser et compenser.

Se calmer physiquement

La tristesse nous serre la gorge, le stress nous provoque des perles de sueur sur le front, la peur nous paralyse, la colère nous fait bouillir puis exploser… Nos émotions se traduisent avant tout physiquement. Et, pour éviter le naufrage, le premier réflexe, avant même de réfléchir, d'analyser, de décortiquer, est de calmer son corps. N'oubliez jamais que vos émotions existent aussi bien dans votre corps que dans votre intellect. Vous pouvez donc agir à travers ces deux dimensions.

RESPIREZ EN MODE « 4X4 »

C'est une technique tout terrain. Dans une situation qui nous challenge, notre respiration s'accélère ou, au choix, se bloque. Dans les deux cas, elle nous rend encore plus prisonnier de l'émotion dévorante. Pour décompresser, vous pouvez réguler votre afflux sanguin *via* la

respiration avec la méthode « 4x4 », utilisée notamment dans les exercices militaires en situation de crise. Procédez ainsi :
1. Prenez une grande inspiration par le nez pendant quatre secondes. Soulevez vos cotes avec l'air inspiré.
2. Bloquez l'air dans vos poumons pendant quatre secondes.
3. Expirez l'air par la bouche, lentement, sur quatre secondes.
4. Attendez quatre nouvelles secondes avant de reprendre une inspiration.

Votre cerveau se sent déjà moins compressé ! C'est un premier « stop » à l'excès émotif.

Je vous assure qu'avant de faire un saut dans la mer depuis 15 m de haut, de quitter quelqu'un (ou bien de le demander en mariage) ou de passer un entretien d'embauche, c'est réellement efficace !

Dézoomer puissance dix

Souvent, avec mes amis, je parle de « dézoomer » pour indiquer l'action de relativiser. J'aime bien cette image : comme si nous pouvions toujours voir notre vie à travers une lunette astronomique, avec l'option de recul pour appréhender la situation globale et le monde autour de nous. Super, mais comment faire ? On y va.

Quand une émotion forte nous envahit, nous avons l'impression qu'elle prend possession de notre être tout entier. Nous ne sommes plus que ce moment précis, cette émotion, cette frustration. Plus rien d'autre n'existe. Face au guichetier, vous avez l'impression d'être en échec constant, d'être le nul de service. Vous avez l'impression que le monde est contre vous, que personne ne vous comprend. Quelle injustice ! Vous éclatez car tout cela est trop pour vos pauvres épaules !

L'émotion fait main basse sur chaque millimètre carré de notre corps et, peu à peu, de notre tête. Avec les quelques parcelles encore libres dont on dispose, on peut arriver à se projeter ailleurs que dans ce concentré émotionnel glissant. Littéralement, on « s'échappe ».

SORS DE CE CORPS !

Cet exercice de visualisation nécessite un peu d'entraînement pour ceux qui ont un cerveau plus « auditif ».

Revenons dans cette situation de colère face au pauvre guichetier de la mairie. Imaginez que vous sortez de votre corps par la verticale. Cela commence par des frétillements dans la plante des pieds, qui remontent dans vos genoux, vos cuisses, traversent vos intestins pour atteindre votre tête et s'évacuer par votre crâne. Vous suivez le mouvement. Vous prenez de la hauteur : vous n'êtes plus dans votre tête, envahi par votre émotion, vous montez vous aussi vers le plafond !

Vous jetez un coup d'œil à la scène depuis là-haut. Il y a votre corps, tendu, les personnes derrière vous, et le comptoir où est barricadé le guichetier.

Prenez en compte les autres éléments de votre environnement. Élevez-vous encore plus haut, sortez de la mairie, voyez les rues autour, les gens qui passent, les voitures prisonnières des embouteillages. Le monde tourne. Et votre situation n'est qu'un grain de sable sur la plage géante de la vie. D'un coup, vous trouvez votre problème bien moins grave. Vous vous êtes sorti de vous-même et de votre émotion bouillante... et avez réellement « pris de la hauteur » !

Si vous avez du mal à prendre de la hauteur, « allez de l'avant ». Échappez-vous en vous projetant sur une personne ou sur un objet devant vous. Fixez votre attention sur lui, essayez de vous placer de son point de vue. C'est un autre exercice de visualisation qui vous permet de vous décentrer de vous-même.

> ***« On parlait de se séparer et j'ai fixé le DVD »***
> *Un soir, après deux ans et demi de relation, Damien annonce à Cécile qu'il est distant ces derniers temps car il a l'impression de ne plus être amoureux d'elle. Il a envie de rester avec elle pourtant, mais ne sait plus trop quoi en penser. Cécile écoute patiemment, les idées commencent à s'enchaîner dans sa tête. Puis ses yeux tombent sur le meuble à DVD. Elle fixe alors le DVD* Le temps des gitans. *Elle les imagine tous les deux sur le canapé en train d'avoir cette conversation cruciale. Elle pense que ce DVD a toujours été là, qu'il assiste en témoin à cette scène. Que la vie passe et certaines choses resteront toujours ainsi silencieusement. Étrangement, malgré son ego blessé, Cécile ne s'effondre pas, réussit à avoir une discussion sensée et objective avec son compagnon. Ce qui ne l'empêchera pas de pleurer longuement quelques heures plus tard*

Si l'on retourne face à notre guichetier de la mairie, on peut se rappeler que ce matin, on allait bien, on a eu de bons moments, que la vie va continuer après ça. On est une personne pleine de qualités, et, dans une heure, on aura oublié le guichetier. Ce moment est juste un petit caillou dans votre chaussure mais vous allez continuer votre marche plutôt que de tout stopper pour carrément jeter la chaussure sur le bas-côté.

« QUE FERAIT MAÎTRE YODA À MA PLACE ? »

Pensez à ces personnes qui sont imperturbables, que rien ne peut chambouler, du moins en apparence. Même face à quelqu'un qui les insulte, face à un événement tragique, elles gardent le menton haut, sous-entendant qu'elles valent mieux que de s'effondrer. On ne sait s'il s'agit de sagesse, d'une certaine classe ou d'orgueil... mais le résultat est le même : elles gardent le contrôle et ne se laissent pas avoir par l'élément perturbateur.

Alors il est bon de se demander : « À ma place...

- que ferait la Reine d'Angleterre ? »
- que ferait Maître Yoda ? »
- que ferait Dumbledore ? »

Trouvez vos propres « imperturbables ». Leur exemple devrait vous inspirer au moment précis pour ne pas réagir avec excès.

Contrer l'émotion envahissante

Le fou rire de Caroline lors d'un enterrement

Cela s'est passé lors de l'enterrement du grand-père de Caroline. Le curé faisait un discours sur ses valeurs chrétiennes et son bon comportement alors que la famille venait d'apprendre qu'il avait dilapidé tout l'héritage dans des jeux d'argent. Caroline et sa sœur, au premier rang, ont refréné un rire, puis, sachant très bien ce que l'autre pensait, elles ont été toutes deux prises d'un fou rire, silencieux, mais difficile à arrêter. Évidemment, l'émotion d'euphorie les a éloignées du contexte dramatique dans lequel elles se tenaient. Caroline s'est efforcée de penser à des moments heureux avec son grand-père avant de se rappeler qu'il était mort. Elle a imaginé tous les enfants de la fratrie désormais orphelins et n'avait plus envie de rire.

Parfois, nous ressentons une émotion qui ne « cadre » pas du tout avec les circonstances présentes. C'est l'euphorie induite par le rire à un enterrement, le stress lors d'un déjeuner avec le *big boss*, la tristesse lors du mariage d'un ami dont on désapprouve le conjoint... Toutes ces émotions ont leur raison d'exister. Pour le moment, il faut les canaliser pour éviter qu'elles ne fichent tout par terre. Si l'on ne parvient pas à les apaiser par la respiration et le « dézoomage », une dernière option est possible : contrebalancer cette émotion avec un sentiment contraire.

PENSEZ LE CONTRAIRE DE CE QUE VOUS RESSENTEZ

Comme un café trop fort qu'on adoucit avec du sucre, il faut utiliser une émotion ou un sentiment contraire pour équilibrer notre état. On fait alors appel à un souvenir fort ou une pensée qui diffuse un peu de ce sentiment. Cela permet à notre système de se réguler et à l'émotion de se dissiper un peu.
Voilà un schéma qui peut vous aider à contrebalancer votre émotion :
TRISTESSE ⟷ JOIE / ESPOIR
PEUR ⟷ EXCITATION / PERSPECTIVES
ANGOISSE ⟷ MOMENT PRÉSENT / PLEINE CONSCIENCE
COLÈRE ⟷ SÉCURITÉ
« Pour ne pas m'écrouler en larmes après avoir perdu ma bague de fiançailles, je me dis que j'aurai bientôt une belle alliance (ou que mon partenaire m'aime et c'est tout ce qui m'importe). »
Le grand sportif en plein *rush* final aux J.O. ressent de l'euphorie, il peut la tempérer pour rester concentré avec la peur de perdre la compétition.
« J'ai peur à l'idée de partir seule en voyage pendant trois semaines en Asie. Je me dis que je vais vivre des aventures incroyables et que je vais me dépasser. »
→

« J'angoisse à l'idée d'avoir une maladie grave. J'arrête de me projeter pour vivre le moment présent : je ne suis pas malade, tout va bien. »
« Je vis tellement le moment présent que je ne paie ni mes impôts ni mon loyer. Je devrais un peu angoisser en pensant aux intérêts de retard que je vais avoir pour me motiver à agir. »
« Je suis tellement en colère après ma mère depuis qu'elle a oublié mon anniversaire. Je tempère en me disant que, durant ces trois dernières décennies, elle ne s'en est pas trop mal sortie et m'a fait me sentir aimé. »

Le souvenir contraire vous permet de ne pas rentrer dans une spirale d'aggravation de votre émotion. Comme le sucre dans le café, tout est une question de dosage !

On ne contrôle pas ses émotions, mais on peut agir sur leur durée. Plus tôt vous désamorcerez votre émotion envahissante, plus ce sera facile. Vous êtes comme devant une intersection : le premier chemin en option est sombre (« Je vais céder à mon émotion et m'emporter »), le second plus lumineux (« Je respire et je reste calme »). Le chemin sombre vous attire, vous avez l'impression que la promenade vous fera plus de bien. Sur le court terme seulement. Pensez que vous faites une randonnée de huit heures et filez vite vers le chemin lumineux.

LE RÉCAP'

Pour calmer la tempête émotionnelle

En théorie

› On ne choisit pas son émotion mais on peut agir sur sa durée et son intensité.

› Les émotions existent dans notre intellect mais aussi dans notre corps. On peut passer par ces deux dimensions pour les apaiser.

› Votre situation n'est jamais qu'un grain de sable sur la grande plage de la vie.

› Plus on agit vite, plus il est facile de tempérer une émotion forte.

› On ne se résume jamais à une émotion ou à une situation. On vaut mieux que ça.

En pratique

› On respire en mode « 4x4 ».

› On « dézoome » pour voir la globalité de la situation.

› On s'extrait visuellement de son corps pour prendre de la hauteur.

› On se rappelle ce qu'on a fait avant et ce qui va arriver après ledit évènement. On sait qu'on ne se résume pas à cette situation.

› On se demande ce que ferait Maître Yoda à notre place...

› On « met du sucre dans le café » avec un sentiment contraire.

TOUCHER LÀ OÙ ÇA FAIT MAL

Face à une émotion forte qui nous déstabilise, nous établissons des stratégies de réponse qui ne résolvent pas le problème : nous attaquons pour nous défendre ; nous restons sans rien faire, paralysé ; nous fuyons pour éviter le conflit. Pourtant, la meilleure solution est de faire face à son émotion, de comprendre ce qu'elle signifie pour en trouver la clé.

En urgence, vous avez canalisé votre émotion. Vous avez, pour le moment, évité le pire. Vous n'avez pas crié sur le guichetier, vous ne vous êtes pas effondré devant les critiques de votre chef, vous n'avez pas rebroussé chemin avant d'aller chez le coiffeur ou à ce rencard Tinder. Bravo. Vous avez déjà évité la route amère des regrets.

Désormais, il faut profiter du fait que vous êtes relativement neutre et calme pour jeter un coup d'œil sur votre émotion et essayer de la comprendre. Quelle est-elle exactement ? Pourquoi est-elle venue vous rendre visite à ce moment précis ? On attaque le moment d'introspection qui vous permettra d'identifier et de comprendre vos émotions, mais aussi de mieux vous connaître. De quoi, ensuite, faire les meilleurs choix face à des situations de challenge émotionnel.

Identifier son émotion

Rappelez-vous : l'émotion est une alerte, elle traduit un besoin et exige un passage à l'action. C'est comme une douleur bénéfique : détecter le problème, c'est trouver un remède. C'est grâce à la douleur que l'on se rend chez le dentiste pour découvrir qu'on a une carie et se soigner. En reconnaissant qu'on est de mauvaise humeur, on fait un premier pas pour ne plus l'être.

Pour identifier ses émotions, il faut pouvoir mettre des mots dessus. Comme le ferait un médecin avec un patient, mieux vaut être précis. Nous connaissons les quatre grandes familles d'émotions : la tristesse, la peur, la colère, la joie. Mais elles ne suffisent pas à décrire la complexité de ce que nous ressentons.

Souvenez-vous que dans ces moments d'introspection, vous êtes face à vous-même, personne ne va vous juger. Vous ne jouez aucun rôle et vous pouvez parler vrai.

LES NUAGES LEXICAUX DES ÉMOTIONS

TRISTESSE

Chagrin, mélancolie, abandon, affliction, ennui, abattement, accablement, désespoir, désolation, spleen, cafard, blues, désespérance, peine, découragement, amertume, dégoût, neurasthénie, morosité, nostalgie, lassitude, épuisement, anéantissement.

PEUR

Effroi, trouille, frayeur, panique, inquiétude, anxiété, stress, crainte, épouvante, frousse, terreur, appréhension, phobie, trouille, trac, angoisse, affolement.

COLÈRE

Rage, irritation, mécontentement, exaspération, aigreur, emportement, courroux, ressentiment, fureur, violence, énervement, agacement, contrariété, crispation.

JOIE

Liesse, gaieté, euphorie, bonheur, rire, félicité, satisfaction, plaisir, allégresse, bien-être, contentement, ravissement, jubilation, entrain, extase, réjouissance, béatitude, quiétude, enivrement.

Ces quatre nuages de mots vous permettent d'élargir votre champ lexical et de mettre précisément le doigt sur ce que vous ressentez. Vous pouvez placarder ces nuages sur la porte de vos W.-C. Un acte salutaire pour tous vos invités et / ou votre famille !

LE *CHECK-IN* QUOTIDIEN

Pour assimiler ce vocabulaire et vous entraîner à vous écouter, écrivez deux à quatre fois par jour dans votre agenda ou votre carnet de notes votre humeur en détaillant deux ou trois faits et adjectifs. Par exemple : « 14 h. Un peu ronchon. Ai trop mangé. Culpabilise. Suis un peu triste de ne pas me maîtriser sur la pause déj'. Ressens une forme d'accablement et de désespoir. »

Vous trouvez des mots qui se rapprochent de ce que vous ressentez... mais ce n'est pas tout à fait ça. Le mot qui symbolise le mieux votre émotion ne veut pas « sortir » ? Vous pouvez « l'accoucher » en faisant cet exercice d'« *outing* intuitif ». Malheureusement, on a rarement l'occasion de le faire lorsque l'on ressent notre émotion, surtout s'il y a quelqu'un d'autre en face de nous. Essayez de pratiquer cet exercice au plus près du moment, dans la mesure du possible. Plus on attend, plus notre mémoire travestit l'émotion réelle.

PRATIQUEZ L'*OUTING* INTUITIF

Comment ça marche ? Prenez le cas de ces écrivains qui commencent par écrire de très mauvais textes, par donner vie aux mauvaises idées pour désencombrer leur esprit et faire sortir les belles formules. Le principe est le même !

1. Prenez une feuille blanche ou votre carnet et écrivez tous les mots qui vous viennent en tête en repensant à la situation qui vous a provoqué une émotion forte. Allez jusqu'à trente mots.

Faites attention à la disposition des mots que vous écrivez : vous pouvez faire des paquets, les mettre en arborescence les uns découlant des autres ou utiliser des flèches.
2. Quand vous avez l'impression de vous être « vidé », relisez votre feuille et surlignez en couleur les cinq mots les plus importants, ceux qui représentent le mieux l'état émotionnel dans lequel vous étiez à ce moment-là.

L'exercice est intéressant car il vous permet de faire des associations et de mieux explorer vos schémas de pensée. Pour ma part, en dernier recours uniquement, quand le mot « parfait » m'échappe, je file souvent sur des sites de recherche de synonymes*.

Personnaliser son émotion

Vous disposez d'une grande liberté pour définir vos émotions. Voici un autre exercice créatif de projection visuelle qui pourrait vous aider à les identifier et à les réguler. Plutôt que de nommer vos émotions avec des mots et adjectifs, essayez de les visualiser !

* Je vous recommande ainsi le site Crisco de l'université de Caen : www.crisco.unicaen.fr/des/synonymes

DONNEZ UN VISAGE OU UNE COULEUR À VOS ÉMOTIONS

Vous pouvez d'abord imaginer des couleurs propres à chaque grande émotion. Si votre colère est violette et la joie rose, pensez « rose » quand tout votre esprit se couvre de mauve...
Vous pouvez aussi personnaliser vos ressentis en imaginant des personnes (réelles ou fictives) incarnant telle ou telle émotion. Libre à vous de penser que la joie ressemble à votre compagnon ou à George Clooney (ou à Ryan Gosling, ou à l'épicier du coin, comme vous préférez).
Si on pousse la logique un peu plus loin, vous pouvez même vous adresser à elles comme à des personnes, leur poser des questions et leur demander de partir ou de rester.

Le bénéfice ? Quand ces émotions reviennent souvent, vous pouvez mieux les identifier. Aussi, le fait de les visualiser hors de vous permet de les mettre à distance.

> ***« J'ai demandé à ma peur pourquoi elle faisait ça »***
> *Quand j'avais 13 ans, j'ai regardé le film* L'Exorciste *avec ma sœur âgée de trois ans de plus que moi. Mes parents dînaient dehors. « Tu verras, les effets spéciaux sont nuls, c'est drôle », disait-elle. Pour l'enfant que j'étais, le film était très impressionnant et a ouvert des portes terrifiantes dans mon imagination. Durant des semaines, j'imaginais l'adolescente possédée à mon chevet, dans ma chambre, derrière mes rideaux. Le meilleur moment de ma journée était au réveil « quand tout allait bien ». Au fil des heures, j'angoissais de plus en plus sur la nuit à venir. J'avais « peur d'avoir peur ». Un soir, j'ai arrêté « la fille » dans ma chambre et lui ai demandé : « Pourquoi tu fais ça ? » « Je ne sais pas » m'a-t-elle répondu, du moins, c'est*

ce que j'ai imaginé. Après quoi, je lui ai demandé de partir. J'ai mieux dormi après ça. Sans le savoir, j'avais parlé à ma peur et l'avais mis hors sujet.

Peser son émotion

Pour mieux identifier son émotion, on peut aussi la « peser », c'est-à-dire la situer sur une échelle graduelle. L'objectif est de mettre ensuite le « poids » de cette émotion en perspective avec la situation.

LE POIDS SUR LA BALANCE

Gardez en tête cette balance :
INDIFFÉRENCE –I–I–I–I–I–I–I–I–I–I–I–I–I–I–I–I–I–I–I–> PASSION
Placez mentalement votre émotion sur la balance et dressez un petit tribunal ou jury pour répondre aux questions suivantes :

- L'émotion est-elle proportionnée par rapport à la situation ?
- Ce degré d'intensité est-il légitime ?
- Si je pouvais agir, où placerais-je l'émotion sur cette échelle ?

Souvent, on se rend compte que la situation ne mérite pas un tel débordement. Ce sera alors le moment de s'interroger sur les causes cachées de cette émotion.

Je vous vois venir... Vous vous demandez comment faire tout ça alors que vous êtes en plein milieu d'une réunion, d'une discussion, d'un embouteillage ? Rassurez-vous, avec un peu d'entraînement, vous allez très vite acquérir des automatismes. Il faut réussir à trouver vos propres figures, vos proverbes, vos images, vos phrases clés qui feront office de repères au moment précis où vous en aurez besoin pour identifier votre émotion.

Comme avec des amis, plus vous allez les rencontrer et les identifier, plus vous vous familiarisez avec elles et saurez les gérer.

LE RÉCAP'

Pour mettre le doigt là où ça fait mal

En théorie

❯ Une émotion est une alerte qui nous rappelle un besoin et demande un passage à l'action. Il est capital de l'identifier.

❯ Identifier son émotion, c'est commencer à régler le problème.

En pratique

❯ On colle les nuages des champs lexicaux des émotions dans les toilettes de sa maison.

❯ On fait son *check-in* quotidien en notant son humeur et un adjectif lié.

❯ On met un dictionnaire des synonymes en favori dans sa barre de recherche Internet.

❯ On personnalise ses émotions avec des personnages fictifs ou réels, ou des couleurs.

❯ On érige un petit « tribunal de l'émotion » pour voir si son intensité est légitime au regard de la situation.

COMPRENDRE CE QUE VEUT NOUS DIRE NOTRE ÉMOTION

Nous arrivons dans un second temps d'analyse : après avoir identifié votre émotion, il faut la comprendre. Cela semble un peu simple et basique à première vue. Par exemple, on pense que cela va de soi de ressentir de la colère quand on nous fait un reproche. C'est faux : il n'y a jamais une seule et unique manière « logique et normale » de réagir.

> ***« Tu as oublié de sortir la poubelle »***
> *Votre douce et chère moitié vous dit en râlant que vous avez encore oublié de sortir la poubelle. Avant cela, vous avez rangé la vaisselle, couché le petit dernier, refixé un cadre au mur... mais ça, visiblement, votre partenaire ne l'a pas vu. Après sa remarque aux allures de reproche, votre sang ne fait qu'un tour. Vous sentez la colère monter, vous avez envie de jeter la théière que vous êtes en train de préparer contre le mur.*

Certains pourraient ressentir de la tristesse (« J'oublie tout le temps la poubelle, je suis nulle »), de l'amusement (« Haha ! C'est la meilleure ! »), de l'inquiétude (« Est-ce qu'il va me quitter ? L'appartement va-t-il sentir la banane pourrie toute la soirée ? »).

Pourquoi ressentez-vous telle émotion et pas une autre ? Il faut tenter de comprendre ce que veut vous dire votre émotion.

En se mettant en colère, on se met sur la défensive, on se sent attaqué, donc en insécurité. Pourquoi une simple histoire de poubelle nous met-elle en insécurité ? Peut-être parce que vous avez l'impression qu'en dépit de tout ce que vous faites pour le foyer, on ne vous reconnaît pas, on ne vous donne pas la reconnaissance nécessaire, et cela entame votre identité même et l'image que vous avez de vous.

Évaluer le contexte

Pourquoi votre amygdale envoie-t-elle cette émotion-ci et non une autre à votre corps ? Son choix s'explique – pour faire simple – par le croisement de quatre facteurs plus ou moins puissants : l'éducation, la mémoire émotionnelle, les enjeux personnels et le contexte. Nous avons déjà évoqué l'éducation et la mémoire émotionnelle dans le premier chapitre. Concentrons-nous ici sur le contexte. C'est le facteur le plus éphémère mais pas le moins important. Les émotions intenses sont d'autant plus dangereuses quand nous sommes dans un contexte tendu, en situation de déséquilibre intérieur, après avoir accumulé aigreur, frustration et insatisfaction.

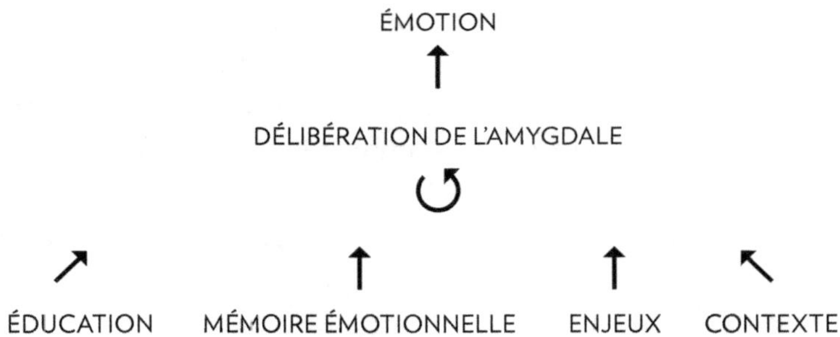

L'éducation : Ce sont les principes avec lesquels vous avez grandi. Vos valeurs, traditions, culture…

La mémoire émotionnelle : C'est l'expérience que vous avez accumulée au fil de vos relations, de vos rencontres, de votre pratique de la vie. Elle vous a appris des choses et fait adopter certains réflexes.

Vos enjeux : Ce sont les directions que vous souhaitez prendre, vos vœux les plus chers. Les enjeux comportent aussi toute la dimension d'image personnelle : comment vous vous voyez, aujourd'hui et dans le futur.

Le contexte : Ce sont tous les éléments extérieurs qui sont présents au moment où l'émotion fait surface. Ce peut être la musique, la foule, l'odeur, le moment choisi.

> ***La fausse bonne idée de la demande en mariage***
> *Vous venez de vous faire licencier. Vous pleurez et votre partenaire vous demande en mariage. C'était peut-être votre vœu le plus cher, mais le moment est très mal choisi ! Vous avez du mal à vous réjouir, encore imprégnée de votre tristesse. Ainsi, vous ne savez que dire. Le contexte a influencé votre émotion.*

SCANNEZ LE CONTEXTE

Comme un radar, « scannez » mentalement le contexte dans lequel vous ressentez l'émotion en passant en revue les critères suivants :
- Quel est le lieu ?
- Quel est le moment ?
- Qui est là avec moi ?
- Que m'est-il arrivé plus tôt ce jour-là et ces dernières semaines ?
- En ce moment, quel est mon état d'esprit ?

Trouver la cause cachée de l'émotion

Pour bien pratiquer l'intelligence émotionnelle, il faut réussir deux choses capitales : bien respirer... et voir plus loin que le bout de son nez.

La colère n'exprime rarement que la colère. Idem pour la tristesse, la peur, l'angoisse... Une émotion en cache souvent une autre. Il faut réussir à enlever la première couche d'émotion pour découvrir « l'émotion pure » sous le vernis. Un peu comme un archéologue qui passe une brosse sur des ruines ensevelies pour en découvrir des inscriptions originales.

Ce travail d'archéologie, nous ne le faisons pas durant l'enfance et c'est normal : nous n'en avons pas les capacités et ce n'est pas notre rôle. Malheureusement, nous imprimons mentalement ces « premières lectures » des émotions, et ce sont elles qui vont se retrouver dans nos comportements d'adultes.

Nous pouvons commencer dans la vie de tous les jours à faire ce travail de fouilles, et, pourquoi pas, si on en a la force et l'envie, faire avec cette grille de lecture approfondie une nouvelle analyse de la communication dans notre famille. Mais pour le moment, occupons-nous de nous !

L'ami qui a toujours mieux à faire

« J'attends un ami au restaurant. La salle est pleine. À peine installés, les gens commandent, les plats arrivent rapidement. Je suis un peu gênée d'occuper une table seule. Mon ami arrive avec une bonne demi-heure de retard et m'explique qu'il était au téléphone avec sa meilleure amie qui habite à Sao Paulo. Il ne me demande pas comment je vais et enchaîne sur ses préoccupations. Je l'écoute en silence, mais en mon for intérieur, je commence à lister tous les faits qui l'accablent. Quand il me demande de l'inviter car il n'a pas beaucoup d'argent, je n'ose pas dire non. Tout le reste de l'après-midi, je vais ressentir une profonde tristesse. »

Pour déceler l'émotion originelle derrière celle qui est exprimée, le jeu des trois « pourquoi » est une méthode simple et assez souvent efficace. Il suffit de poser trois fois la question « pourquoi ? » à nos pensées au moment même où l'on vit l'émotion. Cela permet de bien « gratter » le vernis et d'arriver aux couches un peu plus profondes de notre pensée.

LES TROIS « POURQUOI »

Reprenons l'exemple de cet ami que j'attends au restaurant et la tristesse que je ressens alors.

1. **Pourquoi ?**
« Parce que ça fait mille ans que j'attends et je passe vraiment pour la bonne poire de service. »
2. **Pourquoi ?**
« Parce que je suis faible et que je me laisse faire. »
3. **Pourquoi ?**
« Parce que j'ai peur de me retrouver seule et que personne ne m'aime. »

Derrière ma tristesse, il y a la peur de l'abandon. Découvrir cette émotion originelle va permettre de lancer un processus pour me rassurer : « Non, tu n'es pas seule » ; « Tu as plein d'amis qui t'aiment » ; « Tu exagères, cet ami a toujours été là pour toi dans les moments graves ». Je vais alors me pencher sur la régulation de mon émotion originelle et non sur celle de surface (même si une bonne respiration à ce moment-là pour éviter de fondre en larmes dans le restaurant ne me fera pas de mal).

On peut pousser l'exercice un peu plus loin avec un quatrième « pourquoi » qui met le doigt sur l'idée reçue qu'on a assimilée durablement au cours de notre parcours.

Dans le cas précédent :
3. **Pourquoi ?**
« Parce que j'ai peur de me retrouver seule et que personne ne m'aime. »
4. **Pourquoi ?**
« Parce que je ne suis pas quelqu'un d'exceptionnel et je ne vois pas pourquoi j'intéresserais les autres. »

Une fois cela posé, on entame un travail de déconstruction de ses idées reçues limitantes qu'on détaillera un peu plus tard.

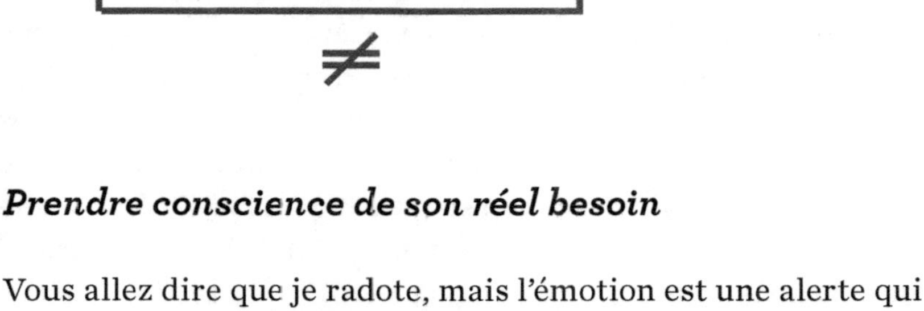

Prendre conscience de son réel besoin

Vous allez dire que je radote, mais l'émotion est une alerte qui exprime un besoin et nous pousse ainsi à passer à l'action. Quand vous avez compris quelle était votre émotion, vous pouvez désormais interroger votre besoin. Évidemment, si vous vous trompez d'émotion, vous vous trompez de besoin...

Revenons à l'épisode du restaurant. Je suis triste car j'ai peur de ne pas être aimée, d'être oubliée et abandonnée. Quel besoin exprime cette peur ? Celui d'être rassurée, d'être confortée dans le fait que j'ai autour de moi des gens qui m'aiment. J'ai besoin de sécurité affective.

Pour éviter de nous éparpiller, posons ici la pyramide des besoins du psychologue américain Abraham Harold Maslow, des plus primaires « besoins physiologiques » à l'ultime « réalisation de soi ».

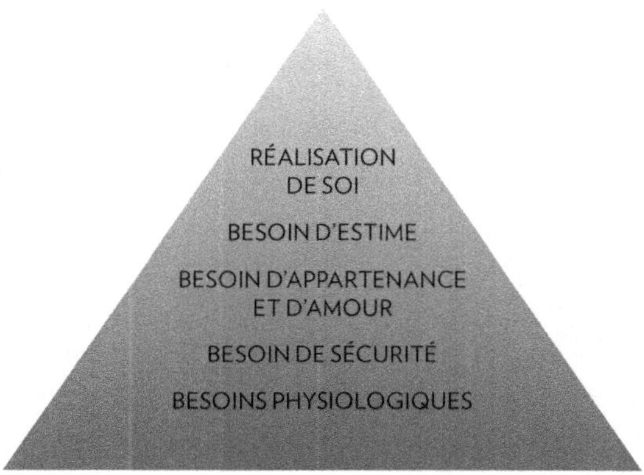

En comprenant quel est notre vrai besoin, on peut agir sur le long terme. Si je pense que mon émotion est la tristesse, je vais penser que j'ai besoin de gaieté, je vais choisir de regarder un spectacle comique sur YouTube et ça ira mieux sur le moment. Mais la peur de ne pas être aimée sera toujours présente en moi.

Au contraire, si je comprends que mon émotion originelle est la peur, je vais essayer de satisfaire mon besoin de sécurité affective.

Je vais appeler des amis, regarder un album photo de bons souvenirs récents et relativiser cette impression de ne pas être aimée.

ÉMOTION ORIGINELLE → ALERTE → BESOIN → ACTION

J'AI PEUR DE NE PAS ÊTRE AIMÉE → ALERTE → J'AI BESOIN DE ME SENTIR EN SÉCURITÉ AFFECTIVE → JE VAIS TROUVER DES PREUVES QUE LES AUTRES M'AIMENT

LE DÉCRYPTAGE ÉMOTIF

Réfléchissez aux dernières fois où vous avez ressenti des émotions fortes et essayez de les traduire par étapes pour comprendre votre besoin.

La dernière fois que j'ai ressenti…	Je me suis dit…	Quelle était l'émotion cachée ?	Quel était donc mon besoin sur le moment ?	Ce que j'ai fait à ce moment-là	Ce que j'aurais pu faire d'autre
… une grande tristesse					
… une grande peur					
… une grande colère					
… une grande joie					

Rencontrer sa « petite voix »

Pour comprendre pourquoi on ressent telle ou telle émotion, il faut bien connaître ses rouages intérieurs. Il est intéressant de se pencher alors sur sa petite voix intérieure, celle qui vous dit « Tu es trop négatif », « Tu exagères » ou « Tu te fais encore avoir ». Cette petite voix ne vient pas de nulle part. Parfois elle a raison, elle vous stimule et, d'autres fois, elle vous décourage, vous rabaisse, a tort. En la regardant droit dans les yeux, vous comprendrez mieux quels sont les tenants et les aboutissants de votre mécanique intérieure. Quelques questions :

- Que vous dit souvent votre petite voix intérieure ?
- Quelles sont ses intentions en règle générale ?
- Qu'aimeriez-vous qu'elle cesse de dire ?
- Vous aide-t-elle ?
- Quelles idées reçues vient-elle souvent agiter sous votre nez ?
- Est-ce vraiment votre voix... ou bien celle de quelqu'un d'autre ?

Parfois, la petite voix en nous est celle d'un proche, d'un ami, d'un parent qui a touché un de nos points faibles et qui nous parasite. Demandez-vous : qui pense à ma place ? Pourquoi lui ai-je laissé cette belle place ?

> ***« J'entendais mes parents dans ma tête »***
> *Quand Rachel a quitté son CDI pour devenir free-lance, elle était heureuse. Mais, au moment de s'attaquer à la paperasse (Sécurité sociale, mutuelle, retraite, cotisations), elle s'est retrouvée angoissée et voulait parfaitement tout savoir, tout faire. Elle avait peur de se faire léser, de s'attirer des problèmes. Quand elle parlait à des amis, ceux-ci s'étonnaient de la voir si à cran. « La petite voix dans ma tête qui me disait "Pense à ta retraite", "Si tu ne déclares pas ça, tu vas perdre tant" était celle de mes parents. Ils étaient très angoissés à l'idée que je*

quitte un travail fixe et que, certes, je gagne moins bien ma vie. En réalité, j'ai du mal à me projeter dans le futur. La retraite, je préfère m'en préoccuper plus tard ! »

Vu de l'extérieur, l'exercice qui suit va vous sembler un peu sévère, mais il est très efficace.

DÉCOUVREZ POUR QUI VOUS AGISSEZ VRAIMENT

Pour voir si vous ne pensez et n'agissez pas en fonction de quelqu'un d'autre, faites vos hypothèses (« Ma mère », « La chipie de 6e B qui m'avait humilié devant tout le monde », « Mon ancien patron », « Mon ex »…) et imaginez que la personne en question soit morte. Ce serait sûrement triste, évidemment, mais voyez la façon dont vous envisageriez vos projets personnels.
Si vous imaginez d'office faire des choses différemment, car libéré du regard et du jugement de l'autre, peut-être que cette personne a bien plus d'impact sur votre vie qu'elle ne devrait en avoir.
Et plutôt que de souhaiter sa mort, mieux vaut faire un travail sur vous.

Ces exercices nous font fouiller dans notre cerveau et notre passé et ne sont pas de tout repos, je vous l'accorde. Ils sont salutaires et vous aideront à mieux avancer, mais rassurez-vous, il n'y a pas besoin d'attendre de tout savoir, de tout comprendre, de tout analyser pour enfin ressentir le bonheur. Une phrase du philosophe suisse Alexandre Jollien m'a beaucoup touchée. Elle est extraite de son livre *Petit Traité de l'abandon*[*] : « Ce n'est pas quand on a fini de régler ses comptes avec la vie qu'on est heureux ». Vous

* Points Essais, 2015.

n'aurez jamais toutes les réponses, et vous n'en avez pas besoin. Lâcher prise, ne pas s'imposer une psychanalyse permanente, vous pardonner de ne pas être parfait permet aussi d'être plus heureux.

LE RÉCAP'

Pour comprendre son émotion

En théorie

› Il n'y a jamais une seule et unique façon de réagir à un événement.
› Tout comme notre éducation, notre mémoire émotionnelle et nos enjeux personnels, le contexte détermine en partie l'émotion que nous allons ressentir.
› Il faut voir plus loin que le bout de son nez : une émotion peut en cacher une autre.
› Chaque émotion traduit un besoin, qui nécessite un passage à l'acte.
› On n'est pas obligé de tout analyser et de tout savoir pour être heureux.

En pratique

› On trouve l'émotion cachée avec les trois « pourquoi ».
› On définit sa petite voix intérieure.
› On imagine que telle ou telle personne est morte pour savoir si son regard impacte trop notre vie.

REPRENDRE CONFIANCE EN SOI

L'intelligence émotionnelle passe dans la connaissance de soi... et aussi dans la confiance en soi. Il faut avoir assez confiance pour entendre la bienveillance de sa voix intérieure et s'autoréguler. Si vous avez une vision déplorable de vous-même, vous n'aurez certainement pas envie de vous écouter. Un peu comme un ado avec ses parents, vous n'aurez pas envie de suivre vos conseils !

C'est le moment de faire la synthèse de tout ce qui fait de vous quelqu'un de formidable et dont vous pouvez être fier.

Moduler sa petite voix intérieure

Nous l'avons vu précédemment : la petite voix qui résonne en nous n'est pas toujours du meilleur conseil. Toutefois, ce n'est pas une fatalité. Une fois que vous avez compris qui se cachait derrière cette voix ou quelles expériences l'ont durablement forgée, il est possible de la moduler. Il s'agit d'entendre vraiment « votre » voix, celle qui peut vous mener vers le meilleur de vous-même. Ce double intérieur doit veiller sur vous, comme un radar bienfaisant. Freud appelait cela « l'attention flottante », d'autres l'ont baptisé « le moi attentif ». C'est ce troisième œil qui sonde vos émotions, réussit à les remettre en contexte et tempère un débordement éventuel.

Votre petite voix est trop négative ? Trop critique ? Essayez de concevoir sa remplaçante, un double qui serait votre allié. Comme pour les émotions, vous pouvez imaginer un personnage avec une allure, une voix et, pourquoi pas, un prénom. Ce serait la meilleure version de vous-même, ou tout simplement, une bonne amie.

SOYEZ VOTRE PROPRE AMI

Avec nos amis, nous arrivons la plupart du temps à avoir une oreille attentive, compréhensive. Nous les rassurons, nous essayons de les préserver, d'être indulgent. Si seulement nous pouvions avoir la même compassion vis-à-vis de nous-même ! Pour éviter de vous autoflageller, imaginez que vos pensées intérieures soient formulées par un de vos très bons amis. Que lui diriez-vous en réponse ?

CE QUE JE CONSTATE	CE QUE JE ME DIS EN RÉACTION	CE QUE JE RÉPONDRAIS À UN AMI S'IL ME DISAIT ÇA
« Cela fait deux ans que j'essaie de perdre 5 kg et je n'y arrive pas… »	« Je suis vraiment nulle et sans volonté. J'aurai toujours l'air d'un boudin… »	« Est-ce si important ? Si oui, as-tu identifié tes points de blocage ? Ne regarde pas ce que tu n'as pas fait, mais ce que tu peux faire dès à présent… »

Mener sa propre enquête sur soi-même

Pour sortir des schémas émotionnels qui vous font du mal, il est utile de déconstruire vos idées reçues, vos pensées limitantes qui vous renvoient vers les mêmes réactions.

> ***Renaud et les cassettes vidéo de l'enfance***
> *Renaud pensait être un petit garçon assez introverti et calme quand il était enfant. Puis, un jour, il a redécouvert des cassettes vidéo de famille. Il fut surpris de voir qu'il était plutôt espiègle et rigolo. Cela l'a un peu soulagé : cette mélancolie qu'il s'attribuait « naturellement » n'était ni innée, ni une fatalité.*

Nous nous laissons souvent écraser par notre perception des choses, quand bien même la réalité est autre. Il faut mener sa propre enquête sur soi-même. On se libère ainsi de ses propres carcans pour avoir un plus grand champ de liberté dans sa vie et dans ses réactions émotionnelles.

JOUEZ À L'INSPECTEUR !

Mettez à l'épreuve vos pensées limitantes et demandez-leur des preuves ! Dressez trois lignes ou trois colonnes : « Mon idée reçue », « Les preuves », « Les contre-preuves ». Et voyez qui remporte le combat.

MON IDÉE REÇUE	« Enfant, j'étais souvent solitaire et rejetée par les autres »
LES PREUVES	« J'ai passé des récréations entières seule dans les toilettes » « Je suis souvent passée de groupe en groupe » « Je n'ai pas été invitée à l'anniversaire des 11 ans de Stéphanie, contrairement au reste de la classe »
LES CONTRE-PREUVES	« J'ai toujours été bien aimée de mes camarades » « J'ai été élue plusieurs fois déléguée de classe » « J'ai souvent fait des fêtes au collège, où il y avait du monde » « J'ai relu des mots, agendas, lettres. En fait, j'avais plein d'amis »
LE BILAN	« Je n'étais pas "pas aimée", mais je me sentais incomprise »

Vous vous comparez sans cesse aux autres et vous dévalorisez en vous disant qu'ils sont « meilleurs » sur tel ou tel point ? Selon Daniel Goleman, à QI égal, ce n'est pas le talent ou un don inné qui nous mène à la réussite, mais notre ténacité. Cette capacité à se remettre d'un échec, continuer d'essayer, travailler sur le long terme.

Un champion olympique ne devient pas champion car il a une aptitude supérieure à la moyenne à skier, nager ou dribbler. Il est devenu champion car il n'a pas arrêté de travailler et de croire en sa potentielle réussite, alors que tous les autres concurrents se sont découragés et ont abandonné. Les meilleurs sont souvent ceux qui ont eu assez de conviction pour rester dans la partie. Les *winners* ne sont pas des demi-dieux, mais des persévérants.

Alors, si vous regardez trop souvent le verre à moitié vide, faites la liste factuelle des choses que vous avez faites et qui vous ont rendu fier.

DRESSEZ VOTRE *PRIDE LIST*

Pour voir combien vous êtes génial, faites la liste de vos petits et grands exploits de ces derniers mois et années. Ces victoires vous appartiennent, elles vous définissent, et personne ne peut vous les prendre, ni se les approprier. Alors laissez aussi aux autres leurs propres victoires !

MES VICTOIRES	CES DERNIÈRES SEMAINES	CES DERNIERS MOIS	CES DERNIÈRES ANNÉES
Dans mes relations amoureuses			
Avec ma famille			
Avec mes amis			
Dans mes loisirs			
Au travail			
Autres			

Se réapproprier une expérience négative

Vous avez eu une mauvaise expérience et l'émotion liée vous reste en travers de la gorge ? Le souvenir vous replonge dans un état qui vous est désagréable ? Vous vous sentez impuissant ?

Tout le monde vit des expériences négatives. Certains vous diront : « C'est la vie ». Certes, la vie est faite de bon et de moins bon, mais sûrement pas d'une souffrance encore vive, comme une fatalité qu'il faut accepter.

Toute expérience négative passée peut être positivée et vous porter plutôt que d'assombrir votre ciel présent. Pour cela, nous devons essayer de regarder l'histoire d'un angle différent. La psychologie moderne l'a confirmé : ce qui compte, ce n'est pas ce qui s'est passé, mais comment on le raconte. Les faits sont passés, ils ne changeront jamais. Mais modifier le *storytelling* nous permet d'éprouver des émotions plus positives et de mieux vivre avec. Pour cela, l'écriture nous permet de figer et acter ce nouveau regard.

> ***Marc, abandonné devant l'autel***
> *Marc a été abandonné par sa fiancée quelques heures avant la cérémonie de leur mariage. Pendant les mois qui ont suivi, il s'est apitoyé sur son sort (et on le comprend), radotant « J'ai été humilié », « Personne ne voudra plus de moi », « On m'a pris pour un con », « Mon entourage aura toujours pitié de moi ». Puis, il a positivé l'épreuve, en arrêtant de se victimiser. Pour cela, il a cessé de se décrire comme un objet passif, jouet du destin et de l'injustice. Il a remis le « je » en action en disant : « J'ai appris que rien n'est acquis », « Si je me sors de ça, je peux tout affronter », « J'ai appris l'humilité ». Un jour, il a même réussi à en rire. En réécrivant son histoire, il a de nouveau pris confiance en lui. Ses proches n'en sont que plus admiratifs.*

Rappelez-vous des expériences que vous avez eu le plus de mal à digérer. Pensez à ce que vous avez perdu et gagné.

POSITIVEZ VOS MAUVAISES EXPÉRIENCES

Dressons ensemble trois lignes : les faits (« Ce qui s'est passé »), le récit négatif (« Ce que j'ai perdu »), le récit positif (« Ce que j'ai gagné de cette expérience »).

CE QUI S'EST PASSÉ	« Mon appartement a été cambriolé »
CE QUE J'AI PERDU	« Mes affaires » « Mon sentiment de sécurité » « La confiance en autrui » « Mon enthousiasme, je trouve la vie injuste » « Beaucoup de temps, au commissariat, etc. »
CE QUE J'AI GAGNÉ DE CETTE EXPÉRIENCE	« J'ai appris à me détacher du matériel » « Ça m'a permis de me séparer des affaires de mes ex » « J'ai eu des preuves de solidarité de la part de mon entourage »

La situation du traumatisme est évidemment plus complexe qu'une expérience négative, pour plusieurs raisons. Déjà, nous ne nous en souvenons pas toujours. Parce que la situation a provoqué une émotion tellement forte que notre cerveau s'est fait « disjoncter » par réflexe de survie. Notre émotion reste bloquée quelque part, elle n'a pas été conscientisée.

Mais elle est là, en nous. Nous souffrons alors sans savoir pourquoi. Les mots nous manquent. Et quand le souvenir remonte, le sentiment d'insécurité revient, si fort que le cerveau disjoncte à nouveau. Comme une bombe à retardement.

Sortir d'un trauma ne se fait pas seul. Il faut faire face au souvenir, le revivre pour le conscientiser. La présence d'un psychologue professionnel est capitale : son rôle est alors d'accompagner la personne dans l'exploration de son souvenir, tout en le maintenant dans un sentiment de sécurité. Se remémorer l'événement traumatisant, tout en gardant un état de calme physiologique permet au cerveau de voir que la vie n'est pas un danger perpétuel, que l'on peut revivre normalement. Lors de la séance, le « traumatisé » est maître de ce qu'il lui arrive, il se libère du sentiment d'impuissance, il reprend le contrôle. Il était un objet, il devient l'acteur. Certes, il a pris conscience d'une réalité difficile. Mais désormais, il peut mettre des mots dessus, revenir à une vie normale, qui lui appartient complètement.

Apprendre à voir toutes les couleurs

Nous avons tendance à regarder notre vie selon un seul prisme. Nous disons qu'on a « réussi » notre vie car on a « fait carrière ». Et le reste ? Nous nous disons malheureux après une rupture sentimentale. Et le reste alors ? Comme si, face à un magnifique tableau coloré, nous ne regardions qu'une seule couleur. Et du même coup, nous passons à côté de la beauté globale de l'œuvre. Pour prendre confiance en soi et réussir à tempérer ses explosions émotionnelles, il ne faut pas s'en tenir à avoir deux yeux, mais à avoir une multitude d'yeux pour voir sa vie sous tous ses angles.

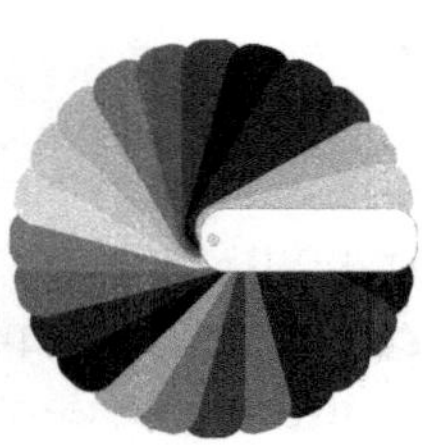

FAITES LA ROUE DE L'ANNÉE ÉCOULÉE

Prenez une feuille (assez grande) et un stylo. Dessinez un cercle large et graduez-le en douze intervalles. Ils symbolisent les mois de l'année. Cette roue représente l'année écoulée (évidemment, vous n'êtes pas obligé d'attendre le 31 décembre pour faire votre roue, elle peut se faire de mars à mars, de juillet à juillet, etc.).

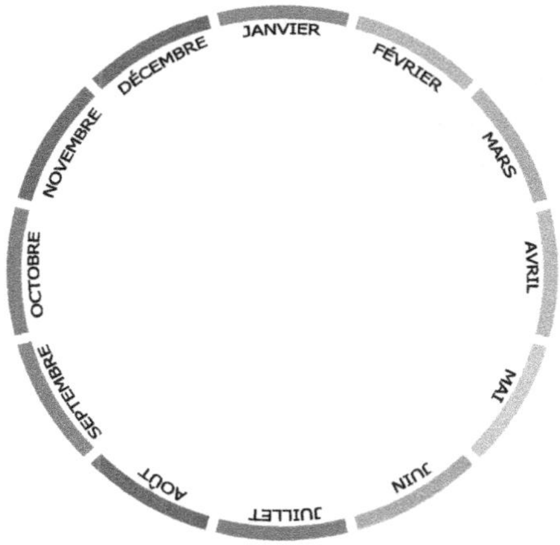

Suivez les quatre étapes suivantes :

1) Prenez un stylo d'une couleur. En une ou deux minutes, écrivez les étapes, les points marquants, les événements de votre année : réussites, déceptions, voyages, week-ends, rencontre, vacances, décès, fêtes, rupture, annonces importantes… Notez tout ce qui vous vient en mémoire naturellement en premier.

Faites une première lecture : quelle est la tonalité de votre roue ? Analysez les événements qui, comme des ravioles dans une casserole d'eau bouillante, sont remontés aussitôt à la surface. Sont-ils positifs ? Négatifs ? De type familial ? Amical ? Amoureux ?

Avec le même stylo, notez à côté en majuscules un ou deux mots qui résument votre conclusion. →

2) Ensuite, prenez un stylo d'une autre couleur et faites un « deuxième tour de roue ». Approfondissez vos souvenirs de l'année écoulée. Pensez aux dimensions que vous avez pu oublier : famille / travail / amis / amour / loisirs / administratif. Réfléchissez en termes de succès / échecs, bonheurs / déceptions. Ne restez pas plus d'une minute dessus. Même chose : écrivez en majuscules les mots résumant ce deuxième tour.
3) Enfin, prenez un troisième stylo d'une autre couleur. Faites un travail de « fouilles ». Vous pouvez regarder les photos sur votre portable, les textos échangés, votre agenda personnel.
Vous pouvez aussi y ajouter les chansons que vous avez le plus écoutées durant l'année, les films, événements d'actualité qui vous ont marqué.
4) Observez votre roue et réfléchissez à ce qui y manque selon vous. Qu'auriez-vous voulu voir inscrit en plus dans cette année ? Plus de moments avec vos amis ? Une promotion ? Un grand voyage lointain (plutôt que les vacances en Bretagne un peu ronrons chez vos beaux-parents) ? Une surprise ? Un truc fou que vous voulez faire depuis toujours ? Ou peut-être rien. Vous avez aussi le droit d'être satisfait de vous-même !

Essayez d'analyser cette hiérarchie d'informations que votre mémoire a effectuée. Vous rappelez-vous d'abord des choses très personnelles ? Ou plutôt des événements qui sont arrivés aux autres (mariages, naissances, promotions, fêtes...) ? Le travail prend-il le pas sur le reste ? Pourquoi une couleur a-t-elle pris le dessus sur les autres ?

Gardez votre roue quelque part : un simple coup d'œil peut s'avérer très utile de temps à autre. Et si vous réalisez chaque année l'exercice, vous aurez une véritable chronologie de votre évolution. Très instructif.

Attention, choisissez bien le jour où vous faites votre roue ! Notre humeur modifie notre mémoire. Ainsi, joyeux, on se rappelle des choses positives. Énervé, agacé, en colère, on ressasse les mêmes rengaines. Il y a donc un lien entre état d'esprit et mémoire. Cela veut aussi dire qu'on peut influencer son humeur en se remémorant des souvenirs positifs. Plutôt bon à savoir, non ?

LE RÉCAP'

Pour reprendre confiance en soi

En théorie

› Il est tout à fait possible de reprogrammer sa petite voix intérieure.
› Vos idées reçues limitent votre vie. Elles sont rarement appuyées par des faits.
› On peut se réapproprier une expérience négative en changeant son storytelling, en changeant d'angle de vue pour positiver l'événement.

En pratique

› On est son propre ami : on imagine ce que l'on dirait à nous amis s'ils nous faisaient part de nos problèmes.
› On mène l'enquête : on trouve des preuves et des contre-preuves à ses pensées limitantes.
› On se réapproprie un souvenir négatif en passant du mode passif au « je » en action. On dresse deux colonnes : « Ce que j'ai perdu » et « Ce que j'ai gagné / appris ».
› On fait sa pride list : on liste ses victoires !
› On dresse la « roue » de son année.

FICHEZ-VOUS LA PAIX !

Identifier son émotion réelle, décrypter le vrai besoin qui en découle, avoir conscience de ses schémas intérieurs et leurs influences, tout ça, vous maîtrisez. Vous avez un peu regonflé votre estime personnelle. Super. N'empêche que vous traverserez toujours des moments de « dégonflement », où vous vous poserez mille questions. Il y a le temps de l'analyse, qui est très important. Cependant, l'analyse aide mais ne remplacera pas la légèreté de l'être, le droit à l'erreur, l'insouciance qui nous font aussi parfois passer à l'action. Notre vie ne doit pas être une suite perpétuelle de calculs. Vous avez fait l'analyse, considérez-la acquise et vivez. Et si une petite rechute se fait sentir, apprenez à vous laisser tranquille !

Arrêter de s'auto-harceler

Certaines personnes ont besoin de se rassurer quasi quotidiennement sur leurs aptitudes, leurs choix et leur estime personnelle. J'appelle cela « l'auto-harcèlement » : cette capacité à se poser des questions sans cesse et ne jamais se laisser de répit. Au final, cela représente une masse de temps incroyable, des précieuses heures qu'on pourrait investir non pas dans le « penser » mais dans le « faire ». Vivre, tout simplement. Voici quelques exercices pour chasser les pensées parasites.

CRÉEZ VOTRE MONSTRE PERSONNEL

Vos craintes, vos doutes et votre manque de confiance en vous ont décidé de vous rendre visite de nouveau. Très bien, ouvrez grand la porte, invitez-les à table et écoutez-les avec grande attention. Prenez un stylo et notez ce qu'ils vous disent : décrivez la pire version de

vous-même, ou du moins le personnage que vous craignez devenir, votre « monstre personnel ».
Décrivez-le à la troisième personne. Couchez par écrit ce que décrivent vos invités comme un commissaire recueillerait une plainte : retranscrivez les paroles, même si le trait est forcé, et la description caricaturale. Incitez vos invités à se lâcher, à aller au bout de leur raisonnement, quitte à être très critiques et à en mettre « plein la gueule » à l'accusé. Ensuite, soufflez un coup. Puis relisez tout. Passez ce discours à la première personne.
Maintenant, pensez-vous réellement être ce monstre de nullité ? Non. Alors fichez-vous la paix !

Ma sœur se moque de moi car j'adore faire des listes. À une époque, il est vrai que j'ai poussé le bouchon un peu trop loin. J'ai levé le pied, mais je n'ai pas abandonné ce réflexe qui soulage souvent mon esprit. Les listes me permettent de canaliser mes pensées, de désencombrer mon cerveau et de faire place nette pour de nouvelles pensées. Comme un ordinateur, nous n'avons malheureusement pas un disque dur illimité. Il faut libérer de la mémoire disponible. Quand mes idées, mes bilans, mes pense-bêtes sont quelque part dans un carnet ou un tiroir, je peux partir continuer ma vie, un peu plus légère qu'avant.

FAITES DES LISTES

Quand des pensées, soucis, questions reviennent vous tarauder, prenez votre carnet de notes et listez. Vous déchargerez vos pensées et éviterez de vous sentir submergé à un moment donné. Cela évite bien des explosions émotionnelles.

ACCORDEZ-VOUS UN JOUR SANS OBJECTIF

Plus on cumule les objectifs, plus on angoisse de ne pas y arriver. Pour vous laisser tranquille, donnez-vous des jours de liberté absolue sans but ni devoir à remplir. Des jours de « non-lutte », où vous n'avez aucune obligation de résultat, ne suivez aucun calcul. Vous pouvez même ne rien faire du tout. Le seul bénéfice, c'est votre plaisir. Avant, on appelait ça le dimanche...

Rester dans le moment présent

Faire le grand écart entre notre situation actuelle et le but que nous nous sommes donné permet de créer de la motivation, mais aussi du vertige. Le contraste peut être trop fort et, surtout, mensonger. Le point A n'est jamais la cause directe du point F : il faut déjà passer par B, C, D et E. Sans quoi, on a l'impression d'être au pied d'une montagne infranchissable. Pour mener à bien ses objectifs sans être tétanisé par la peur, l'angoisse voire l'accablement, nous devons réussir à nous ancrer dans le moment présent.

Liam au pied de la montagne insurmontable

Liam, 17 ans, rêve d'être pilote d'avion. Il est en première S et ses résultats sont corrects. « Ce n'est pas avec 12/20 de moyenne qu'on finit par être pilote de chasse ! », lui dit son père. Liam sait qu'il doit augmenter sa moyenne, puis obtenir son bac l'an prochain avec une mention, après quoi, il lui faudra entrer en classe prépa, si possible dans un des meilleurs lycées français, pour ensuite intégrer une école d'aviation très sélective. Évidemment, ces études ont un prix : il va devoir travailler tous les étés, et sûrement contracter un prêt à la banque. Et s'il échouait ? Ses parents seraient tellement déçus Liam a des sueurs froides et, aujourd'hui, assis sur son lit, après avoir effectué ce looping *intellectuel, il préfère aller jouer à la* play-station *pour se vider l'esprit. Tous ses enjeux lui donnent le tournis, son objectif lui paraît insurmontable au moment présent, alors il met en place une stratégie d'évitement.*

Nous ne savons jamais de quoi demain est fait. S'avancer avec un plan tout huilé sur cinq ans peut mener à de grandes déceptions et désillusions. Entre-temps, nous pouvons connaître une expérience qui va bouleverser notre vie, hériter d'une somme importante, connaître la maladie, avoir une opportunité professionnelle en or, rencontrer quelqu'un qui va nous révéler des choses sur nous-mêmes.

Chaque être humain connaît la perte, la surprise et des heureux hasards. La seule possibilité de tenir en équilibre est de garder son attention sur aujourd'hui. Nous ne nous responsabilisons pas sur cinq ou dix ans, mais juste sur aujourd'hui. Ainsi, on évite la sensation d'être David face à Goliath.

DIFFÉRENCIEZ HIER, AUJOURD'HUI ET DEMAIN

Afin de rester à une échelle humaine et dans une marge de manœuvre à notre portée, différenciez trois couples « Objectifs / Capacités » dans le temps. Dissociez :

- ce que vous vouliez hier et que vous avez fait ;
- ce que vous désirez aujourd'hui et que vous pouvez faire ;
- ce que vous aurez peut-être envie de faire demain et que vous pourrez faire avec les moyens dont vous disposerez.

Revenir à l'essentiel

Vous fondez en larmes car votre fils a oublié votre anniversaire. Vous partez au quart de tour quand un ami ne répond pas à votre texto (alors que vous avez bien vu qu'il avait « lu ») ? Je comprends bien votre frustration et ce sentiment d'injustice. Mais, au lieu de vous laisser déborder par ces émotions, il est temps de vous recentrer sur vos priorités.

Revenir à la base, à ce qui est simple. Comme nous l'avons vu plus haut avec la pyramide des besoins de Maslow, notre attention se porte sur trois points essentiels : la sécurité (pour notre survie), l'identité (vis-à-vis de soi et des autres) et la réalisation de soi.

REVOYEZ VOS PRIORITÉS

Prenez votre cahier et notez les cinq priorités dans votre vie. Vous pouvez prendre ce top 5 en photo pour en garder la trace dans votre téléphone. Dans les moments de challenge émotionnel, quand vous vous sentirez submergé, jetez-y un coup d'œil. Se rappeler que, hormis ces cinq choses, le reste importe peu, aide à relativiser et à être plus léger au quotidien.

Nous courrons tous vers notre bonheur. Nous faisons des études, trouvons un travail. Beaucoup d'entre nous aimeraient se voir marié, puis avoir des enfants. Nous construisons au fur et à mesure notre personnage, nous polissons notre vie pour être « encore plus heureux ». Nous achetons de beaux vêtements, de beaux meubles. Nous faisons des régimes, nous changeons de coupe de cheveux. Nous amassons des choses et des désirs. Notre tête se remplit de

« Il faut » ou « Avec ça, je serais vraiment au top ». Nous courrons, au lieu de nous arrêter et de contempler ce qui est en nous.

Nous aurions tout déjà en nous pour être heureux. Il faut juste faire le tri et aller à l'essentiel.

LE RÉCAP'

Pour se laisser en paix

En théorie

› La vie n'a pas à être une perpétuelle suite d'analyses et de calculs. Il faut savoir débrancher et vivre, plutôt que de s'auto-harceler par la pensée.
› L'avenir est toujours incertain. Rester ancré dans le présent est la seule façon de tenir en équilibre.
› Nous avons déjà tout en nous pour être heureux : préférons le dépouillement à l'accumulation.

En pratique

› On crée son « monstre personnel », l'incarnation de toutes ses craintes, et on voit que l'on en est éloigné.
› On fait des listes pour décharger mentalement son cerveau.
› On se rappelle que l'on n'est rien. Nous n'avons rien à gagner car nous allons tout perdre à la fin de notre vie.
› On fait la différence entre sa volonté et ses capacités d'hier, d'aujourd'hui et de demain.

Chapitre 2

Apprivoiser ses émotions et les transformer en force

Vous savez bloquer une émotion déstabilisante. Vous savez l'identifier. Vous vous connaissez un peu mieux, donc c'est encore plus facile de comprendre pourquoi vous ressentez ce que vous ressentez au moment où vous le ressentez. Cette capacité à prendre du recul vous permet déjà de mieux vivre avec vos émotions et de les maîtriser en partie.

Question : est-ce que je peux agir *sur* mais surtout *avec* une émotion qui me dépasse ? La réponse est oui. Maintenant, penchons-nous sur les astuces propres à chaque émotion pour en tirer le meilleur.

BONJOUR TRISTESSE

Comme la peur et la colère, la tristesse est souvent perçue comme une émotion « négative ». Pourtant, cette émotion nous aide à supporter une perte, à faire un deuil, de quelqu'un ou de quelque chose dans notre vie qui semble nous avoir été arraché et qu'on ne reverra plus jamais. Elle s'accompagne d'une chute d'énergie, d'une forme d'accablement, d'un manque d'enthousiasme. Notre capacité à agir est d'autant plus limitée. On entre dans une période de « gros dos », comme un rongeur en hiver qui va se terrer dans son trou en attendant qu'il fasse meilleur dehors (le piège, c'est évidemment de ne plus arriver à sortir de son terrier).

La tristesse est vécue comme un obstacle à notre bonheur, on essaie de tout faire pour ne pas la ressentir. On passe beaucoup de temps à rejeter la tristesse, jusqu'à ce qu'on s'y plonge tout entier.

Au contraire, ouvrons la porte à notre tristesse régulièrement pour lui éviter de s'inviter de force et de prendre toute la place. Vous verrez, c'est une invitée utile et très humaine.

Comment positiver sa tristesse ?

Au lieu de se battre contre notre tristesse pour tenter de la faire déguerpir, tentons de la voir d'un nouvel œil et de la positiver.

Elle est le signe de notre humanité

Qui n'a pas été triste en regardant *Bambi* ? En découvrant à la télévision les conséquences dévastatrices d'un tsunami sur toute une population ? En suivant les funérailles de Johnny Hallyday à la télévision ? Aucun de ces événements ne nous concerne : nous ne connaissons personnellement ni dinosaure, ni rock star, ni aucun individu de ce peuple frappé par le tsunami. Et pourtant, nous sommes tristes.

La tristesse constitue une preuve de votre humanité : vous êtes vivant, vous ressentez les choses, vous êtes capable de vous mettre en empathie (et c'est une grande vertu, nous le verrons plus tard). Les choses ne glissent pas sur vous comme la pluie sur une vitre : elles vous atteignent, vous chamboulent, vous bousculent. En vivant la tristesse, votre expérience de la vie change, votre cœur aussi et vous avancez dans votre parcours. Si la peur et la colère divisent, la tristesse, comme la joie, permet aussi de réunir les gens et de démontrer ce qu'est l'humanité.

Elle est moteur de changement

Quand je suis triste, j'ai envie de peu de choses, je n'ai plaisir dans aucun loisir, je me concentre uniquement sur l'objet perdu ou sur ce qu'il me manque, ce qui n'est plus. Je vis en suspens, un peu hors du temps. J'ai envie de rester seule. Cette période est salutaire : elle permet de vivre le deuil, de réfléchir sur ce qui a été et ce qui ne sera plus. On acte la perte.

On ne guérit peut-être pas à 100 % ses blessures, mais on apprend à vivre avec : c'est la résilience.

Ma tristesse est le signe que quelque chose ne va pas dans ma vie. Il me manque quelque chose. Quand nous sommes tristes, nous avons l'avantage de voir ce qui importe vraiment.

Comme si tous nos petits tracas superficiels s'envolaient soudainement pour laisser plus de place à une pensée profonde et riche. Personnellement, je n'ai jamais été aussi lucide et pertinente que dans mes grands moments de tristesse. Dans cette sorte de dénuement, tout s'éclaire. Vous êtes de nouveau face à deux chemins : ou vous plongez (dans votre lit, dans l'alcool, dans vos plaintes), ou vous suivez le chemin lumineux.

Sur le chemin lumineux, il y a de l'action, du changement. Après avoir identifié le motif réel de notre tristesse, réfléchissons à l'opportunité qui se présente à nous : comment allons-nous pallier ce manque ? À quel service mettre notre prise de conscience ? Comme disait ma prof de physique du collège (et surtout le chimiste Antoine

Laurent Lavoisier qu'elle adorait citer) : « Rien ne se perd, rien ne se crée, tout se transforme. »

Et vous, en quoi allez-vous transformer votre tristesse ?

DITES « MERCI TRISTESSE »

Rappelez-vous un moment marquant où la tristesse vous a poussé à faire des choix positifs pour votre vie : arrêter de fumer, changer de travail, faire ce voyage tant attendu, enfin apprendre une nouvelle langue, vous réconcilier avec quelqu'un... Quelle gymnastique a suivi votre cerveau pour passer de la tristesse à l'action positive ?

Elle nous rend indépendant

Cette apathie nous permet de digérer une information avant de passer à autre chose. C'est une des premières choses que l'on apprend au cours de notre vie : nous consoler nous-même. Certes, les parents sont là pour veiller sur l'enfant. Mais, rapidement, il découvrira qu'ils ne seront pas toujours là, qu'il est « né seul » et qu'il « mourra seul ». Quand l'enfant tombe à la crèche, il va pleurer, puis se consolera lui-même pour rejoindre le groupe, la classe, le mouvement qui suit. Il gagne en indépendance. Réussir à surmonter son chagrin revient à retrouver sa motivation. C'est une capacité précieuse.

À force de vouloir épargner à leur enfant la moindre déconvenue ou douleur, les parents trop protecteurs empêchent, malgré eux, leur progéniture de se débrouiller seul, de s'autoréguler. Quand l'enfant sera seul, il se retrouvera perdu, déboussolé.

Même quand nous sommes adulte, la tristesse nous tend une perche pour être plus fort, pour nous auto-réguler et gagner en solidité d'esprit. Cet exercice de consolation n'est pas des plus agréables, mais plus il est fait, plus il devient facile par la suite. Comme on le dit souvent : « Ce qui ne nous tue pas nous rend plus fort ».

Elle est une puissante source d'inspiration

La tristesse est une muse comme peu d'autres. Cette émotion favorise notre créativité : nous pouvons écrire, peindre, dessiner, chanter, composer, décorer… Parce qu'il nous manque parfois les mots pour expliquer notre tristesse, nous nous dirigeons vers l'abstrait, vers l'imaginaire pour exprimer cette émotion. La tristesse se traduit par un passage à l'action artistique. On a vu comme la mélancolie avait nourri de nombreux poètes. Les chansons les plus émouvantes sont issues de drames personnels.

Qu'importe si ce que vous créez devient un chef-d'œuvre ou non. Vous exprimer à travers l'art permet de retranscrire votre tristesse, de la canaliser à un endroit, pour laisser une trace et vous soulager. Vous avez fait « quelque chose » de votre tristesse. Cela ne veut pas dire que vous en êtes vidé, mais juste un peu soulagé. Votre cerveau a un peu plus d'espace disponible.

Comment lui demander de partir ?

La tristesse devient dangereuse quand elle s'installe sur le long terme. Aussi, il vaut mieux avoir deux ou trois ressorts dans sa poche pour lui demander de vous laisser un peu tranquille.

Vivre sa tristesse à fond

Avant de vouloir vous débarrasser de votre tristesse, autorisez-vous à la prendre dans vos bras, à l'écouter, à rester un moment avec elle.

Pleurez un bon coup, évacuez. Si vous ne vivez pas cette émotion à fond, elle va rester dans un coin de votre cerveau, à attendre que vous daigniez la regarder. Et, au final, elle s'incrustera durablement dans le décor.

Capter les rayons des autres

Rester seul, d'accord. Trop longtemps, non. Vous devez vous reconnecter à la vie, voir qu'elle continue. Mais la vie sans l'objet de votre perte vous fait peur. Mettez-vous en sécurité pour revenir dans le mouvement : entourez-vous de personnes que vous aimez vraiment (et qui vous aiment aussi). Appuyez-vous sur vos amours inconditionnels – parents, frères, sœurs, meilleurs amis – pour remonter en selle. Les émotions sont contagieuses : leur joie de vivre, leur enthousiasme devraient vous porter.

Une autre bonne compagnie est celle de la foule, si possible joviale. Elle vous permet de relever la tête et de dézoomer. C'est le moment d'aller voir un match de foot, avec un public emporté par la liesse, ou un spectacle comique. Peut-être que vous ne décrocherez qu'un seul sourire, mais ce sera mieux que rien.

Cesser de ruminer, se distraire

Un des moyens les plus efficaces et simples pour modifier son humeur : la distraction. On choisit des activités plaisantes : cinéma, lecture… Tout ce qui peut nous pousser hors de notre spirale ruminative. Plus les pensées sombres reviennent, plus leur force de persuasion devient puissante. La distraction doit donc couper cette chaîne de pensées négatives.

Bichonner son corps

Avant d'aller au match de foot, vous pouvez filer au hammam avec une amie ou à une bonne séance de sport (si vous en avez l'énergie). La tristesse nous fait beaucoup rester « dans notre tête ». Dans les phases *down*, se concentrer sur son corps est un bon réflexe : vous prenez soin de votre enveloppe charnelle, vous vous constituez un habitat doux, fort pour affronter le monde. En prenant soin de votre corps, vous êtes bienveillant avec vous-même, vous vous accordez d'aller un peu mieux.

Se gratifier de petits succès

Vous n'avez plus de goût à rien, n'êtes plus motivé et aucun lieu ne semble plus réconfortant que l'angle gauche de votre couette. Vu d'ici, n'importe quel objectif vous semble élevé comme l'Éverest. Pour vous sortir de cette mélancolie paralysante, il faut repasser dans l'action. Donnez-vous un but positif (par exemple : « Je vais faire un tajine ce soir ») et morcelez en petites étapes (« Je vais déjà m'habiller » puis « faire mon sac » puis « aller acheter la viande »). En accomplissant des tâches simples à court terme, vous sollicitez votre système de récompense, vous accumulez les « petits succès » qui vous donneront envie d'en faire encore un peu plus.

Aider les autres

C'est l'un des meilleurs remèdes contre la tristesse, et l'un des moins utilisés : aider son prochain. En se mettant gratuitement au service d'autres personnes, on se décentre, on relativise, on fait une bonne action qui redonne une saveur agréable à notre vie. Faire du bénévolat ne passe pas obligatoirement par un engagement régulier auprès d'une association : cela peut commencer par aider votre voisine à faire ses courses, venir en aide à une femme dans le métro pour porter la poussette de son enfant, participer au déménagement d'un ami...

LE RÉCAP'

Pour accueillir sa tristesse

En théorie

› La tristesse provoque une chute d'énergie et d'enthousiasme. Notre capacité d'action est réduite.

› Elle nous aide à surmonter une perte, à faire un deuil.

› Elle est le signe de notre humanité et réunit les êtres humains sous un même dénominateur.

› Elle est une bonne muse artistique.

› Elle est moteur de changement. En voyant ce qui ne va pas ou ce qui est vraiment important, elle nous donne l'opportunité de changer pour être plus heureux.

› Elle nous apprend à nous consoler seul et nous rend ainsi indépendant et plus fort.

› Elle devient dangereuse quand elle s'installe dans la durée et se transforme en ruminations sans fin.

En pratique

› Il faut vivre sa tristesse à fond, sans quoi elle reviendra.

› On peut créer des choses avec notre tristesse : chansons, peinture, dessin, sculpture, décoration...

› On en retire une résolution.

› On s'entoure de personnes rayonnantes et de la foule. C'est le moment d'aller voir un match de foot !

› On se distrait avec des activités plaisantes pour casser la chaîne des pensées négatives.

› On s'occupe de son corps pour s'accorder du bien-être et « sortir » de sa tête.

› On repasse à l'action en morcelant par étapes et en se gratifiant de petits succès.

› On aide les autres pour se décentrer (services à des amis, bonnes actions, bénévolat associatif...).

FACE À LA PEUR

La peur fait quitter au sang notre tête pour aller droit dans les jambes et préparer la fuite. C'est une émotion paradoxale : souvent, elle assure notre survie, d'autres fois, elle nous paralyse complètement. Ambivalente complice, la peur peut être pourtant un excellent moteur, à condition qu'elle soit bien dosée.

Comment positiver sa peur ?

C'est un bon guide

Comme nous l'avons vu dans le premier chapitre, la peur nous aide à survivre : elle active notre système d'alerte et nous pousse à agir pour nous maintenir en vie. Il faut écouter sa peur, elle n'a pas toujours tort. La peur peut se manifester dans notre intuition (qui se forge selon nos expériences et notre mémoire émotionnelle). Pour l'écouter sans se laisser dévorer, il faut la mettre en perspective avec tous les autres éléments du tableau.

Elle est le signe de notre humilité

Avoir peur signifie tout simplement être humain. Je ne suis pas ce personnage qui ne craint rien, je ne suis pas de fer. Il faut avoir l'humilité d'avoir peur : s'accorder de ne pas être un roc, le dire, l'assumer. Tout le monde possède des craintes. Sans peur, il n'y a pas de courage. Et ce sont le courage et notre vulnérabilité qui font de nous des êtres passionnants car entre ces deux concepts se loge notre capacité d'action.

ASSUMEZ VOS HONTES ET VOS PEURS

Parce que nous avons peur du jugement des autres, nous nous muselons. Nous n'osons pas dire les expériences dont nous avons honte. Or éviter, c'est amplifier. En réalité, c'est justement de confier vos hontes et braver la peur du regard des autres qui va vous donner confiance. Cela vous rend humain. Sans compter que vous briserez vous-même un tabou : vous vous libérerez de votre peur. Après cela, vous pourrez remarquer que le monde ne s'est pas écroulé, les autres ne vous ont pas pour autant rejeté. Assumez.

Elle est un formidable outil de motivation

Quand elle est bien dosée en fonction des circonstances, la peur devient un moteur pour se préparer et choisir la solution adaptée.

Le terrible examen de Yassine

Parce que Yassine a peur de rater son examen, il va travailler en amont pour s'y préparer et affronter la situation du mieux possible. La peur est devenue son moteur. S'il a trop peur de rater cet examen, il ne va plus réviser mais imaginer comment éviter l'examen : il va vouloir fuir. Mais la prochaine fois, sa peur sera toujours présente.

« Parce que j'ai peur que mon compagnon me quitte, je vais faire des efforts quand nous traversons une phase difficile. »

« Parce que j'ai peur de développer un cancer, je vais arrêter de fumer. »

Etc.

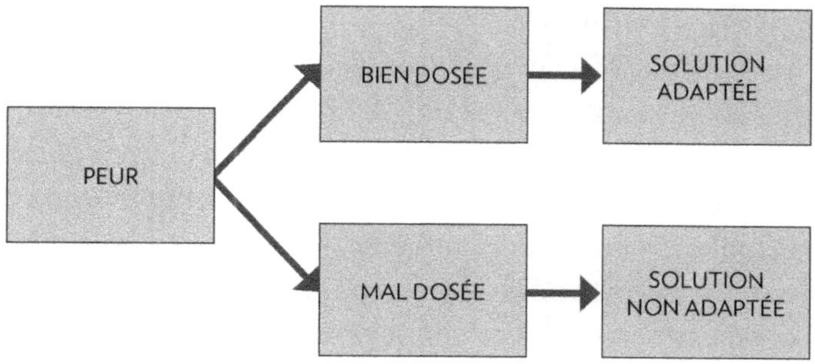

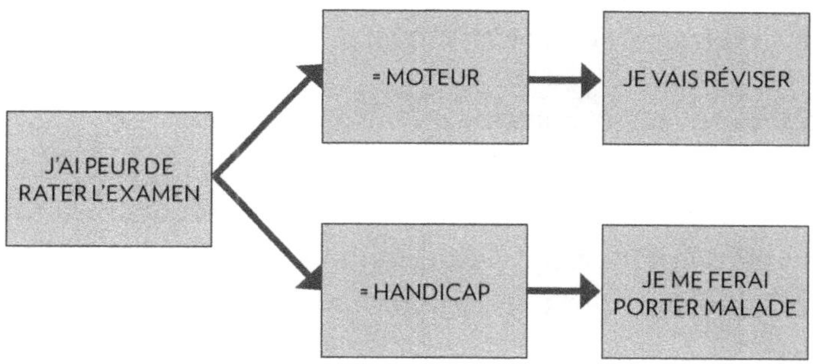

DOSEZ VOTRE PEUR

La peur nous stimule, à condition d'avoir le bon « dosage ». Gardez en tête cette échelle graduelle de la peur et demandez-vous : « Ma peur a-t-elle raison ? » :

ELLE ME RÉDUIT (handicap) -------> ELLE ME SAUVE (moteur)

J'ai peur de faire du saut en parachute. Le risque de mourir existe, mais il est infime. La peur ne me sauve pas vraiment d'un grave danger. En revanche, la laisser m'envahir me pousse à considérer avec sérieux le renoncement. Elle me réduit.

Elle procure de l'adrénaline

Parce qu'elle peut vous préparer à l'action, la peur fait monter de l'adrénaline en vous. Nous avons presque le tournis rien que de penser à « notre situation actuelle » et à « ce qu'il pourrait arriver ». Or ce dernier « ce qu'il pourrait arriver » peut être une source d'excitation et de surprise. L'adrénaline que nous ressentons va nous mener vers cette possibilité et nous pousser à l'action. Il faut savoir « sauter le pas ». Ce moment arrive quand cette adrénaline nous murmure qu'on peut se dépasser, aller là où l'on n'était jamais encore allé. Elle ouvre le champ des possibles. Il faut alors saisir cette liane et se jeter dans la jungle.

Elle guide vers la surprise

Nous avons souvent peur car nous ne savons pas ce qui peut arriver. La surprise est voisine de la peur. En cela, la peur est un bon sentiment : elle nous rappelle que nous ne maîtrisons pas tout, que la vie nous réserve des choses dont nous n'avons pas idée.

Rappelez-vous où vous étiez il y a cinq ans. Auriez-vous pu prédire l'endroit où vous êtes aujourd'hui ? Peu de choses se passent comme prévu. Les rencontres, les opportunités, la maladie, le hasard s'en mêlent parfois. Mais nous arrivons toujours à être heureux. La surprise nous rappelle que nous ne sommes pas surpuissant, nous ne pouvons pas tout décider et contrôler. Une bonne raison de lâcher prise et de déculpabiliser.

La surprise fait partie de la vie. Elle est un très bon outil de l'intelligence émotionnelle. Elle permet de débloquer la communication avec les autres, mais aussi avec nous-même. Nous sortons de nos propres idées reçues, nous prenons un chemin contre lequel nous n'avons érigé aucune barrière mentale à l'avance.

ADOPTEZ LE *WHY NOT* PLUTÔT QUE LE *WHY*

L'exercice est idéal pour les personnes, un peu comme moi, qui ont tendance à se mettre rapidement sur la défensive, que ce soit avec les autres ou avec soi-même.
« Et si on sortait jeudi soir ?
– Oh pourquoi ? »
« Et si je me teignais les cheveux en rouge ?
– Non mais pourquoi ? »
Remplaçons donc ce « pourquoi » un peu ronchon et cassant par un « pourquoi pas ? » Ainsi, on ouvre le champ des possibilités et on apprend à se laisser surprendre.

Comment lui demander de partir ?

La peur devient dangereuse quand elle nous paralyse et nous empêche de passer à l'action, sans raisons rationnelles. La seule option devient alors le renoncement. De fait, elle réduit notre vie et nos possibilités.

Qui plus est, elle peut devenir une « abonnée » quand s'installe la spirale de l'angoisse : un souci renvoie à un autre souci et on a l'impression qu'il est impossible d'échapper au stress.

Cette escalade est très dangereuse pour notre santé et peut mener à des crises de panique, la naissance de phobies ou de pensées obsessionnelles.

Rationaliser sa peur

On peut anticiper et se demander en quoi notre peur, si l'on suit ces préceptes jusqu'au bout, va nous permettre de résoudre notre problème. Par exemple, j'ai peur d'affronter ma famille en leur présentant mon partenaire, donc j'évite ce moment. C'est une solution, mais à court terme. Le problème ne s'est pas envolé. La peur ne part que lorsqu'on l'a confrontée.

Questionnez toujours d'abord si l'option offerte par la peur vous sera bénéfique. Ensuite, réfléchissez à d'autres solutions pour rationaliser votre peur et ainsi la minimiser.

DEMANDEZ-VOUS : « ET ALORS ? »

Vous avez peur que personne ne vous adresse la parole à cet *afterwork* où vous avez tant espéré être invité. Demandez-vous : « Et alors ? » La question est simple, mais permet de prendre du recul et de commencer également à vous replacer en tant qu'acteur. Elle apprend à surmonter l'échec. Pourrez-vous survivre à cette épreuve ? Oui. Est-ce que cela vous empêche, vous, d'aller parler aux autres ? Non. Est-ce que vous pouvez aussi partir au bout de quinze minutes si vous vous ennuyez trop ? Oui. Petit à petit, les barrières tombent et vous vous rendez compte que vous ne perdez rien à essayer en réalité.

N'oubliez pas : pour bien vivre, vous n'avez besoin en réalité que d'air dans vos poumons, un peu de nourriture et un peu d'amour. Le reste est accessoire !

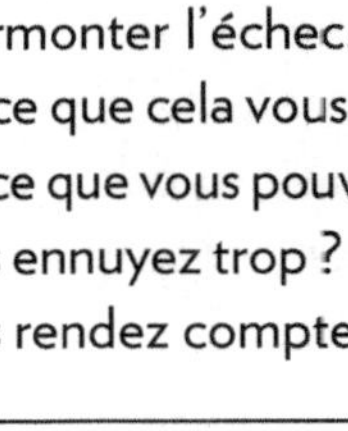
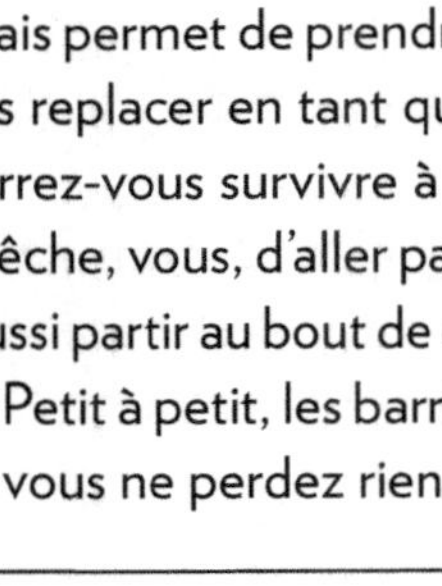
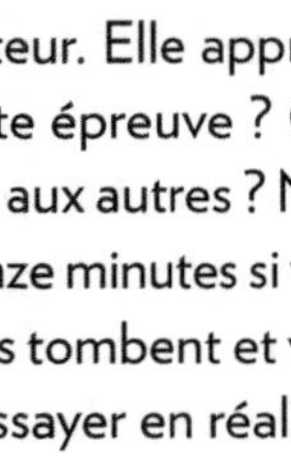

CÉLÉBREZ VOS ÉCHECS

Vous avez une phobie de l'échec. Jusqu'ici, rien de très original, nous sommes nombreux dans ce cas. Or un échec n'est jamais une « erreur », c'est juste une expérience qui nous apprend des choses. L'échec est nécessaire et nous construit. C'est une bonne épreuve pour grandir. Avoir peur de rater, c'est aussi ne pas se donner de chances d'essayer.

Pour combattre cette peur, listez les échecs que vous avez connus et notez ce qu'ils vous ont appris.

L'échec en question	« J'ai raté mon bac la première fois »
Ce que j'ai ressenti	« Je me suis sentie plus nulle que les autres. J'ai eu honte »
Ce que j'ai appris	« À mieux travailler, à être humble. La seconde fois, je l'ai eu »
Était-ce vraiment si grave ? Donnez une note entre 1 et 10	« En fait, pas vraiment. 3/10 »

Les grands angoissés (comme moi) pensent parfois qu'imaginer le pire, avoir peur et anticiper un drame va permettre de s'en protéger. Cette curieuse idée naît en nous comme un antidote magique, à la surprise et l'hébétude des victimes. « Si j'avais su que c'était la dernière fois que je le voyais / que j'allais me faire voler mon sac / que j'allais me faire virer... »

En anticipant la peur, on pourra se dire : « J'en étais sûre, j'y avais pensé. » Mais cela ne nous est en réalité d'aucune utilité. Dans la série *The Crown*, inspirée de faits réels, la sœur du prince Philip d'Angleterre, mari de la reine Elisabeth II, porte toujours du noir avant de prendre l'avion. « Au cas où. » En effet, elle meurt dans un crash aérien...

La peur n'est pas un totem protecteur sur le long terme. Omniprésente, elle nous angoisse juste et nous empêche de profiter pleinement de la vie ! Un drame adviendra peut-être. Ne perdons pas plus de temps avec la peur.

Chasser sa peur par le corps

Il n'est pas inutile de le rappeler : la gestion des émotions se fait avec l'esprit mais aussi avec le corps.

Pour faire « descendre » la peur et évacuez des pensées imaginaires, reconnectez-vous d'abord à votre corps *via* la relaxation. Pensez à votre respiration, imaginez l'air emplir votre corps.

ANCREZ-VOUS DANS VOTRE CORPS

1/ Allongé au sol ou assis sur une chaise, les jambes légèrement écartées, laissez tomber vos bras le long du corps, déliez vos membres et essayez de laisser couler vos pensées. Respirez.
2/ Imaginez que votre dos ne fasse qu'un avec le sol ou la chaise. Respirez profondément.
3/ Essayez de vous balader dans votre corps : pensez à vos os, vos muscles, vos vaisseaux sanguins. Vous êtes un tout, ce tout fonctionne, vous êtes là et tout va bien. Vous êtes dans votre corps, en sécurité.

Avant un rendez-vous important ou une entrée sur la scène sociale, il est bon d'adopter des postures physiques qui nous donnent confiance. C'est un peu une « méthode Coué » du corps.

ADOPTEZ UNE POSTURE « DE POUVOIR »

Votre corps dit à votre cerveau qu'il a confiance, qu'il est solide. Pour cela, vous pouvez :

- lever les bras au ciel ;
- remonter le menton ;
- baisser les épaules ;
- poser les poings sur les hanches (comme Wonder Woman) ;
- écarter un peu les pieds pour bien vous ancrer dans le sol.

Se redonner de l'aplomb

Ironie du sort : c'est parfois la peur de la catastrophe qui finit par provoquer cette catastrophe. En étant focalisé sur mon angoisse, mon énergie ne s'acharne pas à trouver une solution : je vois la peur, je la ressens et je ne peux en détourner mon regard. On est comme hypnotisé.

Patricia et l'angoisse du permis de conduire

Patricia a toujours redouté l'examen du permis de conduire. Tous les membres de sa famille l'ont eu du premier coup. Dernière de la fratrie, elle a toujours été un peu à la traîne et a souvent entendu des remarques un peu gauches sur ses maladresses. Le jour J, elle panique, ses mains tremblent. Elle pense : « J'ai peur, ça va mal se passer, tout le monde va se moquer de moi. » Son attention est détournée, elle manque la lecture de panneaux de signalisation importants et rate son permis.

Un bon exercice pour lutter contre le stress ou le trac avant une épreuve qui challenge votre émotion de peur est de visualiser votre succès.

VISUALISEZ VOTRE SUCCÈS

Les coachs recommandent cet exercice avant un entretien, une présentation ou toute épreuve professionnelle ou personnelle. Il permet de gagner confiance. En s'imaginant réussir, on augmente ses chances, on est davantage convaincu car on y croit, tout simplement. Pour ne pas être trop déçu ni trop prétentieux, la meilleure option est d'envisager toute une diversité de scénarios possibles, même les plus saugrenus, même les plus exagérés.
En multipliant les possibilités, vous relativisez et diluez l'angoisse qui vous paralyse.

La peur impose souvent un scénario unique de ce qu'il peut advenir et, évidemment, elle choisit le plus pessimiste. Or on ne peut jamais anticiper à 100 % ce qui va arriver. En visualisant différents scénarios de réussite, vous tordez le cou à votre angoisse et envisagez d'autres issues à la situation.

Édouard et l'épreuve du PowerPoint en réunion
Édouard doit faire sa première présentation PowerPoint face à tous ses collègues, y compris le boss *et le* big boss. *Il s'imagine en train de suer, bafouiller, en même temps que le rétroprojecteur se bloque. Il pourrait tout aussi bien :*
– s'imaginer parlant à son auditoire avec confiance et charisme, tandis que ses collègues l'écoutent avec attention et

enthousiasme. À la fin, le directeur viendra même le féliciter. (La meilleure option.)
– penser à la scène où le rétroprojecteur ne marchera pas ; il sortira une phrase ironique et drôle pour décontracter l'ambiance et poursuivre son exposé malgré tout. (L'art du rebond.)
– se dire qu'à tous les coups la réunion sera annulée en plein milieu car le directeur sera soudainement frappé par une gastro. (La magie d'un imprévu.)
– suer comme une vache mais mener sa présentation jusqu'au bout. Et ce ne sera pas si grave s'il ne brille pas comme dans une conférence TEDx. (L'option acceptable.)

L'humour est un excellent outil pour se réapproprier le moment. Il libère la pensée, fait décompresser votre peur, stimule l'imagination et provoque du bien-être.

TOURNEZ VOTRE PEUR EN RIDICULE

Pour rire de votre peur, exagérez-la au maximum. Suivez ses prédictions catastrophiques et allez encore plus loin.
Édouard pourrait ainsi imaginer rater sa conférence, se faire huer par tous ses collègues, se faire virer à la fin par le *big boss*, devoir rentrer chez lui, se faire quitter par sa femme, être renié par ses parents. Tout ça pour un PowerPoint.

Nous ressentons du stress quand nous nous sentons coincé par un fait extérieur sans trouver de solution à l'intérieur de nous. La pression monte. Moins nous gérons, plus le stress va prendre de la place. Un bon antidote à l'hormone de stress est l'hormone de l'attachement. Cette dernière est stimulée par la présence d'un proche, quelqu'un qui nous aime et qu'on aime, avec lequel on a une complicité, une intimité. La seule présence mentale de cette personne est efficace : il me suffit de penser à mes meilleures amies avant un entretien d'embauche pour me sentir en sécurité, être rassurée. On passe en mode *safe*.

CONTREZ LA PEUR AVEC DES ÉMOTIONS SÉCURISANTES

Trouvez les proches dont la présence mentale suffit à faire diminuer votre stress.
Tous les autres moyens de vous sentir en confiance sont bons : écouter une musique qui vous stimule, mais aussi porter des vêtements ou des objets qui vous renvoient une bonne image de vous, vous rappellent à vos bons souvenirs.
Chacun de nos vêtements nous évoque un état d'esprit, des souvenirs. Essayez de repérer vos pièces « fortes » pour lutter contre le stress.

LE RÉCAP'

Pour apprivoiser sa peur

En théorie

› La peur est un bon guide : elle nous aide à survivre et a souvent raison. L'éviter, c'est l'amplifier.

› Il faut l'écouter mais aussi la mettre en perspective et la doser pour ne pas se laisser dévorer.

› Elle est signe de notre humilité. Sans peur, il n'y a pas de courage. Si je n'ai pas peur, c'est que je sais et connais tout.

› C'est un excellent outil de motivation. Elle nous force à nous préparer et nous rend meilleur.

› Elle procure de l'adrénaline et nous donne l'opportunité de nous dépasser, d'ouvrir le champ des possibles.
› Elle devient dangereuse quand elle nous paralyse, nous fait renoncer et fuir.
› Elle peut créer une spirale d'angoisse. On a l'impression qu'on n'y échappera jamais.
› C'est dangereux pour notre santé (risques cardiaques, crise de panique...).
› L'angoisse n'est pas un grigri protecteur.

En pratique
› On assume sa peur et ses hontes avec les autres.
› On dose la peur avec l'échelle Handicap <——> Moteur.
› On se demande : « Est-ce que la peur m'apporte la bonne solution sur le long terme ? »
› On se demande : « Et alors ? », pour réaliser qu'on n'a rien à perdre.
› On célèbre ses échecs.
› On adopte des postures de pouvoir pour se donner de l'aplomb. On a recours à la relaxation pour se réfugier en sécurité dans son corps.
› On visualise le succès. On imagine différents scénarios pour diluer la peur d'une catastrophe.
› On contre la peur avec une présence / pensée sécurisante. Notre dressing peut servir !
› On tourne sa peur en ridicule pour la caricaturer et la mettre à distance.

NEZ À NEZ AVEC LA COLÈRE

Lorsque nous sommes en colère, le sang afflue vers les mains, le corps sécrète de l'adrénaline : nous nous préparons à l'attaque, à la réplique. Que la menace soit physique ou verbale, nous allons réagir quasi impulsivement. Nous allons crier ou frapper sur quelqu'un, jeter ou casser quelque chose, parce que nous ne trouvons pas les mots. Ou bien garder le silence et « bouillir » intérieurement. La colère nous excite, elle nous envoûte.

On pense qu'en la laissant s'exprimer avec démesure, on se fait respecter, on défend son territoire. Mais est-ce vraiment le cas ?

Comment positiver sa colère ?

Quelles vertus pourrait bien avoir cette émotion ? À quel dénouement heureux la colère peut-elle nous amener ? Parce qu'elle est très rapidement catégorisée comme une mauvaise émotion, on l'aborde souvent de deux façons extrêmes : en la taisant ou en la laissant exploser, avec une forme d'euphorie à s'autoriser cette émotion interdite. La colère n'est ni une ennemie, ni une amie. Mais elle peut être une alliée, à certaines conditions.

Elle nous apprend à mieux nous connaître

La colère ne vient pas de nulle part, elle est révélatrice d'une part de nous-même. Souvent, elle est réveillée par un sentiment d'injustice. Elle apparaît quand nos croyances, nos convictions (et nos idées reçues parfois) les plus intimes sont heurtées. Parfois, on se met en colère « pour un rien » vu de l'extérieur, mais qui, pour nous, signifie bien plus.

Quand vous sentez la colère monter en vous, vous avez là une bonne occasion de mieux vous connaître et de vous comprendre. Écoutez-la et questionnez-la. Essayez d'identifier la réelle raison de votre colère. Cela vous aidera à découvrir quel est le besoin qui s'exprime à travers elle.

> ***Antoine, la vaisselle et la goutte de trop***
> *Antoine est en colère car son compagnon n'a pas fait la vaisselle, encore une fois. En plus, des moutons de poussière s'accumulent par terre et les vitres sont sales. Il sent la colère monter en lui, il rumine : « Il ne fait vraiment rien dans cette maison », « C'est toujours moi qui fais tout le boulot ». Bientôt, il boude ; son compagnon lui demande ce qui ne va pas et il lui crie dessus. L'autre n'a rien vu venir.*

Pourquoi Antoine est-il réellement énervé ? Parce que son compagnon ne fait jamais rien, il a l'impression d'être le seul impliqué dans la relation. Il trouve que son amoureux lui manque de respect et se repose sur lui. En plus, ce dernier ne se rend pas compte de tout ce qu'Antoine fait et lui accorde peu de reconnaissance. Antoine se sent dénigré et mis, malgré lui, dans un rôle qu'il n'aime pas : celui de cerbère de la maison.

Sa colère exprime un besoin de respect de son identité : il ne veut pas être forcé de devenir le « ministre de l'Intérieur » du foyer. Il a besoin de sécurité et d'être rassuré quant à l'engagement de son partenaire dans leur relation.

Notre colère est en effet souvent « activée » vis-à-vis des autres : notre conjoint, nos amis, le banquier, notre patron, nos collègues, le guichetier de la mairie, un gendarme, un imbécile sur l'autoroute... Toutefois, ces événements extérieurs ne sont pas toujours seuls à l'origine de cette émotion. Parfois, nous en rendons les autres responsables, alors qu'en réalité, nous sommes en colère contre nous-même.

> ***La colère durable de Mireille contre son ex***
> *Mireille en veut « à mort » à son ancien copain de l'avoir trompée plusieurs fois. Elle avait certes quelques doutes mais a fermé les yeux. Des années après leur rupture, elle lui en veut encore.*

Le simple fait d'évoquer le prénom de son ex la fait sortir de ses gonds. La fin de leur histoire n'a pourtant rien d'exceptionnel : ce motif de rupture est assez banal.

Mireille en veut-elle encore à son ancien partenaire ? Ou s'en veut-elle plutôt d'avoir été aveugle et naïve aussi longtemps ? Il lui est plus facile de diriger sa colère vers l'autre que vers elle-même.

Elle nous fait prendre des résolutions

Si on laisse juste la colère passer, sans en tirer d'enseignement, elle risque de revenir à la moindre répétition du problème.

Pour utiliser la colère intelligemment, il faut en tirer des leçons sur le long terme. Comment faire ? La colère naît d'une insatisfaction. Il faut donc réfléchir aux moyens de pallier cette insatisfaction pour susciter un changement durable. Vous consacrez cette énergie à la recherche d'une solution sur le long terme et non à une réaction à court terme. Cette émotion est donc un bon moteur pour vous faire prendre des résolutions. Ainsi, on évite de tourner en rond dans des pensées noires : on voit la situation de façon plus positive, comme une opportunité à saisir.

Le prêt financier que David va regretter

David a proposé à son ami Quentin – dont les comptes sont un peu maigres – de lui prêter de l'argent pour qu'il puisse partir en voyage cet été avec sa copine. « Tu me rembourseras quand tu pourras ! » lui a-t-il dit de bon cœur. Les mois passent et rien ne vient. Quentin évite le sujet et évoque sa situation financière précaire. Cependant, il raconte aussi à David ses soirées arrosées, à dépenser de l'argent en cocktails et dîners dans de bons restaurants. David se met en colère : Quentin n'a pas les moyens de rembourser son ami, mais il « claque » son argent dans des futilités.

Quelle insatisfaction exprime l'énervement de David ? Il a l'impression d'avoir été pris pour un « con » depuis le début. Il lui est aussi désagréable également de passer pour un grippe-sou, à devoir réclamer de l'argent à un ami, pense-t-il. Sa confiance a été trahie.

Quel besoin manifeste cette émotion ? Celui d'être respecté et reconnu. Quelle leçon peut-il en tirer pour ne plus se mettre en colère ? Peut-être n'a-t-il lui même pas respecté ses exigences dès le départ... David aurait dû mieux se sonder en amont quant à ce prêt. Il apprend ainsi qu'il doit exprimer dès le départ son besoin d'être remboursé à une date précise pour ne pas mal le vivre. Il en déduit aussi qu'il doit moins faire confiance spontanément aux autres. « Au moins, désormais, j'apprendrai à être honnête dès le départ et je serai moins naïf » peut-il se dire.

Elle libère de l'énergie

Tout comme la peur, la colère provoque une libération d'adrénaline. Elle nous donne de l'énergie pour agir et répondre à notre besoin. Il est parfois difficile de la canaliser pour agir sur le long terme. Cependant, au moment précis où nous ressentons la colère, son énergie peut s'exprimer autrement que *via* la violence ou les insultes. On peut l'utiliser de façon productive, positive, intelligente.

Vous pouvez par exemple opter pour une séance de sport. Elle permettra à votre corps de se calmer et à votre esprit de se vider.

Vous pouvez la diriger vers une activité artistique. Vous faites quelque chose de ces mains chargées de colère.

L'important est de ne pas diriger votre énergie contre l'objet de votre colère. Portez-la ailleurs. Aller faire du jardinage, faites le ménage. On ne retrouve pas la paix en devenant violent. Se « défouler » ne fait que prolonger notre colère, on lui donne encore plus d'ampleur. Accueillez la colère, écoutez-la puis laissez-la glisser sur vous et non prendre possession de vous.

Comment lui demander de partir ?

En réaction à votre colère, vous avez analysé votre insatisfaction, votre besoin et tiré une résolution, un apprentissage de tout ça. Vous avez tiré le meilleur de la colère. Si vous ressentez encore ses effets, voilà quelques conseils pour faire « redescendre la vapeur ».

Utiliser son corps

Parce que votre cerveau a appris à associer une certaine gestuelle pour chaque émotion, « trompez » votre colère en recréant des mouvements de joie. Réfléchissez à tout ce que vous faites quand vous êtes heureux ou joyeux : souriez, tapez dans vos mains, dansez, sautillez... C'est encore une fois la méthode Coué physique : vous imitez la joie et la ressentez, de fait, un peu. Elle contrebalance votre colère.

Si votre conjoint part « faire un tour » au moment d'une dispute, ne le prenez pas comme un signe d'évitement ou d'indifférence : il œuvre au bien de votre couple. Mettre de la distance physique avec le foyer de la colère permet de reprendre contrôle de son corps. On informe ainsi son cerveau qu'on ne va pas attaquer. Il relâche la pression. Aller « faire un tour » est donc une bonne technique pour se désénerver. S'asseoir sur une chaise ou s'allonger également. Vous pouvez ensuite revenir et parler en paix.

Être dans la gratitude

Cela semble paradoxal et impensable, mais exprimer sa gratitude dans des moments de colère vous aide à la relativiser. Oui, votre chat a fait pipi hors de sa litière. Oui, votre enfant vous parle mal. Oui, vous avez des raisons de vous plaindre, d'être en colère... Mais vous avez toujours de la chance. Dans la vie, rien ne vous est dû. Vous n'avez pas signé de contrat avec elle : ni elle, ni vous n'avez de contrepartie à vous rendre. Vous vivez pour vous, elle ne vous demande rien ! Faites-en de même. En étant dans la gratitude, même dans les pires moments, vous ne niez pas les moments difficiles mais vous confirmez que la vie vaut la peine d'être vécue malgré tout.

Le pouvoir du pardon

Nous avons des colères plus prolongées que d'autres. Elles ne se manifestent pas en continu mais reviennent quand tel ou tel sujet revient « sur le tapis ». La colère n'a été ni digérée ni transformée en résolution. Ainsi, des années après les faits, je peux encore en vouloir à telle personne. Nous nous replongeons dans cet état car nous sommes encore atteint ou blessé par ledit événement.

Une bonne façon de recouvrir ses blessures est de pardonner à la personne en question, mais aussi de se pardonner à soi-même. On devient alors plus grand que sa colère, on élève sa conscience en admettant que tout le monde a le droit à l'erreur. On reconnaît que cette erreur ne nous a pas tué, elle ne nous empêchera pas d'accéder au bonheur aujourd'hui ou plus tard. Le pardon prend du temps, parfois des années. Mais son bénéfice se fait toujours ressentir. Vous vous allégez et vous ancrez d'autant plus dans le présent.

LE RÉCAP'

Pour dompter sa colère

En théorie

- La colère dirige notre sang vers les mains. Elle nous prépare à l'attaque, à la réplique.
- La violence arrive en l'absence de mots.
- La colère permet de mieux se connaître. Elle fait ressortir nos convictions et nos idées reçues.
- Elle libère de l'énergie, provoque du changement et nous fait prendre des résolutions.
- On se met en colère contre les autres, mais souvent, on l'est en réalité contre soi-même.
- La laisser passer sans l'analyser, c'est lui donner à nouveau rendez-vous.
- Céder à la colère ne nous soulage pas, cela nous excite encore plus.

En pratique

- On identifie la vraie raison de notre insatisfaction et le besoin qui va avec pour en tirer une leçon.
- On dévie l'énergie libérée dans nos mains ailleurs que sur l'objet de notre colère : on fait du sport, du ménage, du jardinage, une activité artistique...
- On trompe notre cerveau avec notre corps : on se met à distance, on s'assoit, on s'allonge, on mime les gestes de la joie pour contrebalancer la colère.
- On reste dans la gratitude pour ne pas sombrer dans le noir.
- On se distrait pour couper la chaîne de pensées négatives qui s'auto-renforce.
- On pardonne aux autres et à soi-même pour mieux s'ancrer dans le présent. On en ressort grandi.

CALMER SA JOIE

« Comment ça ?, pensez-vous. Il faudrait calmer un sentiment intense de bonheur et de liesse ? Mais pourquoi donc ? » Je vous comprends : avec la joie, on a l'impression de toucher le *jackpot* émotionnel. Parce qu'elle inhibe les sentiments négatifs et nous donne encore plus d'énergie, la joie est la plupart du temps très positive. Pourquoi s'en priver et la modérer ? Parce que, comme toute émotion, elle peut aussi nous jouer des tours quand elle est disproportionnée et non maîtrisée au vu de la situation.

Comment la joie nous est-elle parfois défavorable ?

Elle peut nous mettre en danger

Quand notre joie est démesurée, elle prend le dessus sur tout et met notre conscience en mode « silencieux ». Nous nous retrouvons alors moins protégé contre un éventuel danger.

Quand mon frère m'annonce qu'il va devenir papa, je suis tellement heureuse pour lui que j'en oublie la casserole sur le feu. Un enfant est né, mais ma cuisine a brûlé.

Je suis tellement content de partir en vacances que, dans l'euphorie, j'en oublie mon passeport. Mon voyage tombe à l'eau.

Elle nous fait parfois perdre notre bon sens

Comme on le sait, la joie congédie les pensées négatives : nous ne sommes plus qu'amour et paix. Le problème ? Même les sentiments négatifs qui nous veulent du bien sont laissés dehors.

Nous sommes tellement submergé par notre joie que nous en perdons notre bon sens. Plus rien ne nous semble être un problème.

C'est comme si nous avions oublié nos expériences passées et les apprentissages que l'on a pu en tirer. Dans cette configuration, on est capable de faire de mauvais choix et d'accepter tout et n'importe quoi.

> ***« On emménage ensemble après trois semaines »***
> *Alain et Bernadette sont cinquantenaires et tous deux divorcés. Quand ils se rencontrent à un dîner d'amis communs, c'est le « coup de foudre » entre les deux célibataires. Ils deviennent inséparables et sont comme enivrés d'avoir retrouvé un amour si fort à cet âge un peu avancé. Au bout de trois semaines, ils décident d'emménager ensemble. Leurs amis et leurs enfants sont contents pour eux, mais essaient de les mettre en garde : « N'allez-vous pas un peu trop vite ? Pourquoi êtes-vous si pressés ? Vous vous connaissez à peine »*
> *Mais les amoureux ne veulent pas assombrir leur conte de fées avec des précautions. Ils emménagent ensemble. Après quelques mois, les disputes se multiplient : ils se découvrent des défauts et leurs habitudes de vie respectives provoquent parfois des frictions. Au bout d'un an, ils se séparent.*

Certes, il est bon parfois de se laisser aller et faire des folies. La joie doit pouvoir s'exprimer, sans pour autant faire passer tous les feux au vert. Même heureux, il faut se garder une réserve pour dire non et éviter de faire de mauvais choix.

IMMORTALISEZ LES LEÇONS DU PASSÉ

Dans votre cahier, notez les enseignements principaux de vos expériences passées selon des catégories : travail, amour, amitié, famille... Quand, sous le coup de la joie, vous vous apprêtez à prendre une grande décision, relisez votre carnet. Projetez un peu dans le futur : mon choix va-t-il être bénéfique pour mon futur ? Aurais-je pris cette décision dans une semaine ?

Elle ne s'exprime pas toujours dans les meilleures circonstances

La joie nous fait oublier nos apprentissages passés et réduit aussi notre capacité d'adaptation et d'empathie avec les autres. Il arrive ainsi que le bonheur nous rende très égoïste ou égocentrique. Parfois, une bonne nouvelle arrive au mauvais moment... et l'expression de notre joie nous fait défaut.

J'apprends que j'ai obtenu la promotion dont je rêvais. Je sautille partout dans les bureaux de l'entreprise... oubliant les autres collègues juste à côté de moi qui avaient eux aussi candidaté à ce poste.

Je suis en train de consoler un bon ami esseulé... quand mon mari m'annonce par texto qu'il a réservé deux billets pour Barcelone pour le week-end prochain. Je suis tellement contente que je ne suis plus en mesure d'écouter mon ami, qui a pourtant grand besoin de moi.

LES TROIS QUESTIONS DE CONTEXTE

Quand vous éprouvez une grande joie, demandez-vous toujours si :
- le lieu est approprié ;
- c'est le bon moment pour l'exprimer ;
- les gens qui vous entourent seront heureux pour vous.

Comment lui demander de partir ?

Quand la joie se ressent en vous au mauvais moment, voici quelques conseils pour la faire redescendre (mais pas disparaître, nous sommes bien d'accord !) :

Différer le moment de grâce

Soyons réalistes : on ne peut pas esquiver la joie. Elle nous prend au corps, nous ravit à nous-même. Il est alors très difficile de la congédier sans la laisser un peu s'exprimer. Pour cela, un court temps de digestion est nécessaire : on s'échappe quelques minutes pour sauter en l'air, passer un coup de fil, partager la joie avec d'autres (elle est contagieuse, ne nous en privons pas).

En revanche, il faut savoir redescendre de son petit nuage rapidement. Sans renoncer à la joie, donnons-lui rendez-vous à un moment plus approprié. Il y a un moment pour tout, imaginez dans un futur très proche celui qui sera entièrement dédié à votre joie : un moment entre amis, une session *shopping no limit*, une fête à domicile... Ainsi, il est possible de se recentrer sur le moment présent. Reportée, votre joie n'en saura pas forcément amoindrie.

> ***La bonne nouvelle au bureau***
>
> *Yasmine doit rendre un dossier urgent pour son travail quand un proche l'appelle et lui annonce la guérison définitive de son cancer. L'émotion et la joie submergent Yasmine. Elle s'isole pour lui parler en privé quelques minutes au téléphone. Après quoi, elle revient, les yeux humides, et explique la bonne nouvelle à ses collègues, ravis pour elle. Elle se remet au travail en se disant qu'ils fêteront ça dans deux jours tous réunis au restaurant.*

Saupoudrer une émotion contraire

Rappelez-vous : avec les émotions, tout est une question de dosage. Pour contrebalancer une émotion envahissante, on « saupoudre » l'émotion contraire. Si je suis saisie par la joie lors d'une réunion de travail, d'un entretien d'embauche, d'un enterrement, je peux me tempérer en plongeant dans des souvenirs tristes, en me rappelant les enjeux, les doutes à venir, pour pouvoir me reconnecter au moment en cours.

LE RÉCAP'

Pour jouer avec sa joie

En théorie

› La joie est une merveilleuse émotion mais il faut parfois s'en méfier.

› Quand elle est très forte, elle prend le pas sur tout et inhibe les sentiments négatifs, les leçons du passé et nos capteurs d'alerte.

› Elle peut nous mettre en danger, nous faire prendre de mauvaises décisions et nous faire perdre notre bon sens.

› Elle réduit notre capacité d'empathie et d'adaptation. Nos relations avec les autres peuvent s'en trouver heurtées.

› Toutes les circonstances ne sont pas appropriées pour l'expression de la joie.

En pratique

› On garde les leçons du passé écrites quelque part.

› On se demande si on prendrait la même décision dans une semaine.

› On « scanne » le contexte pour savoir si on peut se lâcher.

Chapitre 3

(Re)connaître ses principaux leviers de motivation

LA MOTIVATION, LE CARBURANT DE LA VIE

Le matin, la pensée d'un café fumant vous encourage à mettre un premier pied hors du lit. La recherche de plaisir et de réconfort vous permet de surpasser un moment désagréable (pour la plupart des êtres humains).

C'est la même chose quand vous considérez votre vie : c'est parce qu'il existe des perspectives heureuses que vous continuez votre chemin. Chaque semaine, chaque jour et chaque heure, nous prenons des décisions pour satisfaire des besoins. Ces choix sont « motivés ». Cette motivation agit comme le carburant qui va nous permettre d'avancer en direction d'un idéal.

Il y a des petites et des grandes motivations, selon qu'on se place sur le court ou le long terme. Parce que je me sens en insécurité affective, j'ai besoin de réconfort et j'avale un brownie au chocolat. Parce que j'ai besoin de me sentir à l'abri, je choisis un métier stable qui m'assure un bon revenu.

Mais quel rapport avec l'intelligence émotionnelle me direz-vous ? C'est très simple : une émotion exprime un besoin. D'un besoin découle de la motivation. De la motivation découle l'action. Et c'est par l'action que mon besoin est satisfait.

Plus je connais mes réelles motivations, plus je passe à l'action de façon efficace, plus je satisfais mes besoins, plus je suis heureux. CQFD.

Emilio et le goût de la compétition
Emilio a passé des années à clamer qu'il voulait se mettre au service de son prochain. Il a enchaîné les concours de la fonction publique, travaillé d'arrache-pied et gravi les échelons jusqu'à devenir haut fonctionnaire. Et là, ennui, morosité, grosse déprime… La pensée d'œuvrer au bon fonctionnement de la société ne rime alors plus avec son accomplissement personnel. En réalité, il manque à Emilio un challenge, comme à cette époque où il enchaînait concours et examens. Ce qui le motivait réellement n'était en fait pas le bien public mais la compétition. Il avait choisi un secteur sélectif et élitiste pour assouvir son besoin de défis. Après un bilan de compétences, Emilio s'est finalement reconverti en coach professionnel.

POINTER DU DOIGT SES AMBITIONS RÉELLES

Certaines personnes passent des années dans le « mauvais » job ou la « mauvaise » vie parce qu'ils se trompent sur leur motivation. Il est difficile de mettre le doigt sur sa réelle motivation (et donc son réel besoin). Il faut enlever les couches des exigences familiales, sociales… et apprendre à distinguer notre vraie motivation des « Il faut que… », « Il faut être marié et avoir des enfants », « Il faut être propriétaire », « Il faut avoir cinq rapports sexuels par semaine », « Il faut être mince », « Il faut être sur les réseaux sociaux »... Si vous réalisez des choses sans en récolter de la joie, il y a de grandes chances pour que vous satisfassiez un « Il faut que » et non votre motivation réelle. Heureusement, voici deux exercices pour mieux vous sonder.

TISSEZ VOTRE TOILE D'ARAIGNÉE

Face à chaque concept qui se trouve en bout de flèche, demandez-vous : « Est-ce que cela me motive ? » Répondez rapidement, laissez-vous guider par votre première réaction. Plus la réponse s'approche du « oui », plus le point sera placé près du mot en question. À la fin, vous aurez tissé la toile d'araignée de votre motivation.

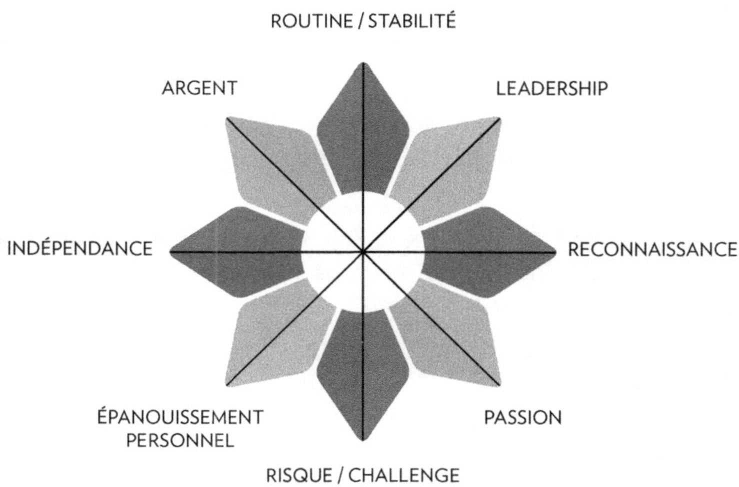

IMAGINEZ VOTRE ENTERREMENT

Vous êtes mort, vos proches se sont réunis en votre mémoire. Les plus intimes font des discours pour vous rendre hommage. Qu'aimeriez-vous entendre dire à votre sujet ? Que vous ferait-il plaisir de percevoir depuis le plafond où votre esprit observe la scène ? Notez deux ou trois hommages que vous souhaiteriez voir ressortir.

En vous posant cette question, vous verrez quels sont les accomplissements que vous voulez réaliser dans votre vie, qui vous voulez être vraiment… et quelles sont les choses que vous risquez de regretter si vous ne les faites pas.

LE RÉCAP'

Pour (re)connaître ses leviers de motivation

En théorie

› La motivation est comme le carburant de notre vie : c'est grâce à elle que nous agissons.

› Souvent, nous avons des motivations « de surface ». Il faut creuser et faire preuve d'une grande honnêteté pour connaître ses réelles ambitions.

› Si nous identifions nos leviers de motivation, nous comprenons mieux nos besoins. Et nous arrivons à les satisfaire et à être plus heureux.

En pratique

› On essaie de différencier ses réelles motivations des attentes sociales et familiales.

› On tisse la toile d'araignée de sa motivation.

› On se demande ce qu'on aimerait entendre dire à son propre enterrement.

L'INTELLIGENCE ÉMOTIONNELLE ENVERS SOI-MÊME

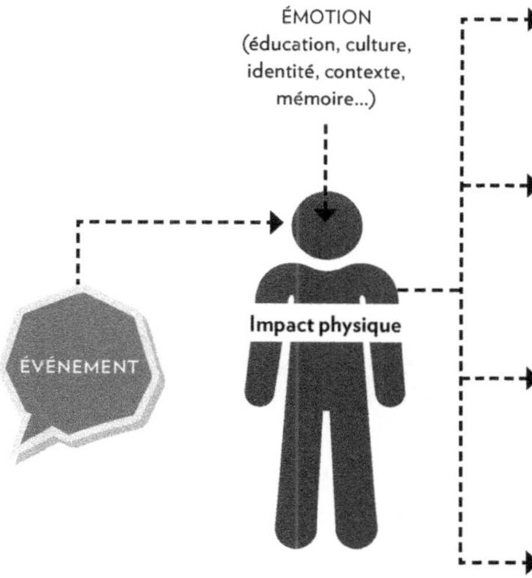

1. JE ME CALME
Je respire. Méthode 4x4. Je dézoome. Extraction corps / fixation sur un objet. Je relativise. J'utilise une émotion contraire.

2. QUELLE EST MON ÉMOTION ?
Je mets des mots. Synonymes / nuages de mots / *outing* intuitif / *check-in* quotidien. J'ai personnalisé mes émotions. Couleurs et apparence physique. Je la pèse. Échelle indifférence / passion.

3. POURQUOI JE RESSENS ÇA ?
J'ai fait mon CV de *background* émotionnel. Je scanne le contexte. Je trouve la cause cachée et le besoin qui va avec. 3 « pourquoi ». Je sonde ma petit voix.

4. JE MAÎTRISE MON ÉMOTION
Je reste dans le moment présent. J'utilise mon énergie pour créer. J'utilise mon corps pour canaliser. Je suis mon propre ami. J'en fais un moteur pour changer. J'essaie de répondre à mon besoin.

N'OUBLIEZ PAS QU'EN GÉNÉRAL...

... chaque émotion nous apprend quelque chose sur nous-même.
... chaque émotion est une opportunité pour changer.
... on peut agir sur nos émotions en utilisant notre corps.
... une émotion exprime un besoin et appelle à l'action. Si on se trompe d'émotion ou de besoin, on fait la mauvaise action.
... rien ne se perd, rien ne se crée, tout se transforme. Y compris vos émotions !
... quand on enlève nos émotions négatives, la joie réapparaît. C'est notre « émotion de base. Plutôt que de vous demander « Comment trouver le bonheur ? », essayez plutôt de chasser les parasites qui empêchent à votre joie de s'animer. Sitôt on enlève ses problèmes, sitôt on retrouve sa joie, sa légèreté et l'envie de vivre.

3

ÊTRE EN BONNE INTELLIGENCE ÉMOTIONNELLE AVEC LES AUTRES

Chapitre 1

Qui sont les autres pour vous ?

Avant de commencer à réfléchir aux autres, revenons un peu sur nous-même et notre rapport à autrui. Pour réussir à être en bonne intelligence émotionnelle avec les autres, il est nécessaire de comprendre ce qu'ils représentent pour nous et comment nous les percevons.

À BAS LES PRÉJUGÉS !

L'autre peut être un ennemi, une découverte, un espoir, un allié, un rival, une menace...

Cela dit avant tout quelque chose de moi et la manière dont je me positionne face au monde extérieur. Selon la façon dont je considère l'autre, je vais être plus ou moins ouvert à ses émotions. Souvent, nous avons du mal à accepter la personne dans sa globalité. Avec deux ou trois faits rapportés, nous créons des opinions, des jugements, des préjugés, des idées reçues. Ces derniers nous semblent capitaux pour poursuivre notre parcours dans la vie, comme des béquilles sur lesquelles nous nous appuyons.

Plus on est éloigné de la personne, plus notre jugement est peu fiable, moins nos actions vis-à-vis d'elle seront justes. Il faut avoir l'humilité d'admettre que nous ne sommes personne pour juger les autres : ils n'ont sans doute pas le même passé, la même éducation, les mêmes valeurs que nous.

> ***La visite surprise d'un Tibétain***
> *Comment nous sentirions-nous si un Tibétain s'invitait chez nous pendant une semaine et observait notre routine ? S'il en arrivait à tirer une conclusion des plus cinglantes sur notre mode de vie consumériste, peu écologique, tourné vers la réussite sociale, sans compter toutes ces heures passées sur les réseaux sociaux et les applications de notre smartphone ? Nous demanderions sûrement à cet étranger de ne pas nous juger trop rapidement, avant de décliner toutes les bonnes raisons qui nous ont poussé à vivre ainsi. « Il faut nous comprendre » lui dirions-nous.*

LE PREMIER PAS VERS L'AUTRE : ESSAYER DE LE COMPRENDRE

Je pense sincèrement qu'il n'y a pas de réelle « mauvaise personne », de « vrai méchant », mais seulement des gens à la recherche d'un besoin. C'est alors à nous d'essayer de comprendre l'autre et son besoin, pour mieux le considérer, mieux l'entendre et mieux agir avec lui. C'est ainsi que nous érigerons de vrais ponts entre nous et les autres.

COMMENT VOUS SENTEZ-VOUS FACE À... ?

Prenez quelques instants et votre cahier en main pour effectuer un sondage intérieur sur votre rapport aux autres. Pour chaque « population », écrivez comment vous vous sentez et ce que vous aimeriez faire vis-à-vis d'eux. Après quoi, tirez une conclusion de ce qu'elle représente pour vous. Par exemple :

FACE À...	JE ME SENS...	J'AIMERAIS...
... des inconnus	... intimidé	... plaire et faire bonne impression : les autres m'apparaissent comme des juges potentiels
... mes collègues de travail	... considéré et reconnu	... continuer d'entretenir de bonnes relations avec eux : mes collègues sont mes alliés
... mon *boss*	... valorisé et reconnaissant	... le rendre fier, m'améliorer : mon *boss* est un moteur
... ma famille	... infantilisé	... arriver à ce qu'ils m'acceptent vraiment comme je suis
... mes amis	... joyeux et écouté	... continuer à renforcer nos liens : mes amis sont synonymes de bonheur et bien-être
... mon / ma partenaire	... incompris et en décalage	... savoir si notre relation doit continuer : il / elle devient un facteur identitaire

Chapitre 2

Le pouvoir merveilleux de l'empathie

À QUOI SERT-ELLE AU JUSTE ?

Après la conscience de soi, la maîtrise de soi, nous voilà arrivés à l'empathie, une des principales dimensions de l'intelligence émotionnelle pour entretenir de bons rapports avec les autres.

L'empathie, c'est la capacité à ressentir en nous ce que ressent l'autre. Il s'agit de le voir, de l'entendre, de se mettre à sa place pour comprendre quel est son besoin, ce qui le pousse à agir ou à parler ainsi. Pourquoi faudrait-il se mettre en empathie, même avec ceux que l'on n'aime pas ? Pourquoi faire l'effort d'essayer de comprendre l'autre, surtout quand lui ne le fait jamais ?

Tout simplement car les autres options qui s'offrent à vous mènent rarement au meilleur dénouement possible.

Rassurez-vous : cela a l'air compliqué comme ça, mais il ne faut pas avoir fait des études de psychologie ni être devin pour réussir à comprendre l'autre. Pour preuve : même les bébés sont capables d'empathie. Quand leur mère sourit, ils sourient. Quand quelqu'un pleure, ils pleurent. Ça s'appelle le « mimétisme moteur ».

Les seules personnes dénuées d'empathie sont les psychopathes, les violeurs, les bourreaux sanguinaires : parce qu'ils n'ont pas de compassion pour leurs victimes, ils ne ressentent pas en anticipation ce qu'elles vont ressentir, ils n'ont pas mal, alors ils se donnent le droit de faire souffrir.

En plus de gâcher leur vie, les psychopathes de ce genre se privent d'un grand bonheur : pouvoir entretenir des relations harmonieuses avec autrui. En comprenant l'autre, je sais comment atteindre son cœur, quels mots vont avoir un impact sur lui. Je peux ainsi l'influencer pour mieux guider ses choix. Voilà pourquoi l'empathie est un grand pouvoir.

En résumé, l'empathie, c'est malin pour :

- améliorer ses relations aux autres ;
- devenir un leader ;
- mieux connaître les autres ;
- s'enrichir ;
- mieux se faire aimer ;
- être un bon médiateur ;
- mener des débats ;
- être plus ouvert ;
- être un caméléon.

Souvent, on rechigne à se mettre en empathie pour les gens radicalement différents de nous, qu'ils soient des férus de mode excentriques, des religieux très pratiquants, des membres richissimes de la *jet-set*... Comme si leurs style et mode de vie signifiaient que le nôtre n'était pas le bon. Or personne n'a dit cela ! Comme il y a différentes plantes vertes dans un jardin, on peut être l'un sans gêner l'autre.

Au lieu de les juger et de les critiquer, interrogeons-nous plutôt sur nous-même : est-ce que ces gens ne représenteraient-ils pas au contraire quelque chose que nous avons souhaité mais que nous ne sommes jamais autorisé ? Parfois, la critique émane d'un manque, d'une interdiction qui nous a été imposée à nous-même plus jeune, et que l'on a perpétrée ensuite.

> ***Apolline la bourgeoise et les* punks**
> *Apolline est une femme bourgeoise très à cheval sur la bienséance. Elle a toujours été dégoûtée par les gens au style* punk. *Mal rasés, cheveux à moitié coupés et hirsutes,* piercings *partout sur le corps et habits noirs cloutés, grosses godasses Lorsqu'ils se baladent en ville avec leurs chiens, Apolline ne peut s'empêcher de les regarder avec un brin de mépris, en levant les yeux au ciel. Elle n'a jamais parlé à aucun d'eux. Durant son adolescence, Apolline rêvait d'un* piercing *et d'un petit tatouage mais toute sa famille lui a répété que « ça ne se faisait pas », que c'était « vulgaire ». Elle a intériorisé cet interdit et le projette désormais sur les autres.*

COMMENT SE MET-ON EN EMPATHIE ?

Répétons-le pour éviter tout malentendu : on ne « crée » pas de l'empathie, on la développe.

La bonne nouvelle, c'est donc que nous avons tous de l'empathie en nous et que nous pouvons allègrement la cultiver avec des petits exercices très simples.

Précédemment, nous avons appris à mieux nous connaître pour comprendre quelles émotions nous traversaient et comment bien nous en servir. Désormais, nous allons essayer d'apprendre à connaître l'autre. On pourrait penser que c'est plus difficile que de se connaître soi-même, puisque nous n'avons pas accès au « for intérieur » de l'autre. Mais n'oubliez pas : la personne la moins objective pour parler de soi, c'est soi-même. Il arrive donc que nous décelions chez les principaux intéressés certaines choses qu'ils ne voient pas eux-mêmes. Scannons l'autre par étapes.

Observer l'autre physiquement

C'est un avantage que vous avez sur l'autre : il ne se voit pas. La façon dont nous communiquons avec les autres est en grande partie non verbale. Les mots traduisent une pensée, un sentiment, une réflexion… Mais notre corps parle très bien lui aussi, parfois avec plus de vérité que notre bouche. Les émotions de l'autre s'expriment à travers des petits détails qui sont autant d'indices pour nous.

CHECK-LIST DU LANGAGE NON VERBAL

En bon inspecteur, passez au scanner les éléments suivants du langage non verbal de votre interlocuteur :

- la trajectoire du regard : s'il regarde le sol, s'il est fuyant, s'il arrive à soutenir votre regard… ;
- le mouvement et la posture des mains : croisées, agitées, nerveuses, moites, pressées… ;
- le ton de la voix : calme, tremblant, fluet, étouffé, confiant, posé… ;
- l'expression du visage. Les muscles de notre visage trahissent toujours nos émotions, avec plus ou moins d'habileté. Soyez attentif aux sourcils, aux sillons naso-géniens (la parenthèse qui se dessine entre notre bouche et notre nez sur les côtés), à la bouche, aux paupières, à la mâchoire ;

> › la posture en général. Faites attention à la posture des jambes et des épaules. La personne est-elle repliée sur elle-même, ouverte, craintive, relâchée... ?

Écouter vraiment l'autre

Combien d'entre nous écoutent réellement bien leurs interlocuteurs ? Malheureusement, nous coupons souvent la parole dès que l'autre a formulé une opinion contraire à la nôtre, nous avons le regard qui fuit sur notre portable (difficile de résister avec toutes ces notifications !), nous écoutons tout en pensant au programme du prochain week-end...

> **LA FORMULE MAGIQUE POUR UNE ÉCOUTE ACTIVE**
>
> › On écoute sans interrompre. Je sais, c'est difficile... mais votre interlocuteur vous en sera reconnaissant. De votre côté, vous accumulerez des informations à son sujet. Sans doute n'en auriez-vous pas appris autant si vous aviez ouvert la bouche.
> › On adopte une posture « engagée » dans l'écoute. Notre corps doit « dire » à l'autre que nous sommes toute ouïe pour qu'il se sente en confiance pour parler : on soutient son regard, nos mains sont dirigées vers lui (croisées ou posées sur la table), on peut pencher notre buste vers lui pour manifester notre intérêt et notre attention.
> › On ne parle que pour poser des questions. Certaines personnes parlent comme des livres ouverts, d'autres sont plus réservées. Si vous les écoutez bien, elles attendent des questions pour poursuivre leur propos. Souvent, cela prend la forme de « points de suspension audio »... Il faut leur tendre des perches avec des questions ouvertes (la réponse ne pourra alors être « oui » ou « non »).

Une écoute de qualité est de plus en plus rare à notre époque. Notre capacité de concentration se réduit, nous sommes sans arrêt sollicité par telle ou telle application smartphone... Très souvent, dans une conversation, on cherche à tout prix à exposer son point de vue et se faire entendre. Pour offrir une écoute active, voyons plutôt les choses ainsi : soyons curieux ! Comme un médecin écoute son patient, laissons l'autre parler, posons-lui des questions, demandons-lui ce qu'il ressent, ce qu'il pense...

Joachim, le collègue esseulé à la machine à café

Joachim traîne dans la salle de repos depuis cinq minutes. Quand Fabio, un collègue d'un autre département, arrive, il lui propose tout de suite un café.

« Comment ça va Fabio ?

– Bien et toi ?

– Oui, oui, oh...

– Que se passe-t-il ?

– Rien des soucis dans l'équipe

– Vraiment ?

– Oui, il faut dire que ce matin, tout le monde était de mauvaise humeur. Notre chef a annoncé le gel des primes trimestrielles pour notre secteur. Ça en a mis certains en pétard, dont Bernadette. Elle m'a parlé comme à du poisson pourri

– Et que lui as-tu répondu ?

– Je lui ai dit d'aller se faire voir ! C'est vraiment une vieille peau.

– Pourquoi ?

– Elle n'est jamais contente de rien. Et en plus, elle me refile toujours ses dossiers. J'en ai marre d'être son toutou. Le problème, c'est que tout le monde nous a entendus nous disputer. Tu crois que je n'aurais pas dû lui répondre ? »

Se mettre à la place de l'autre

> ***Le grand-père ronchon***
> *Vous regardez droit dans les yeux votre grand-père depuis cinq bonnes minutes, toute votre attention lui est dédiée et pourtant, vous ne le comprenez vraiment pas. OK, il est diminué physiquement, mais pour son âge, il va encore bien ! Il a toute sa tête, il a ses DVD, et en plus vous lui rendez visite une fois par semaine. Et pourtant, il se plaint tout le temps, rien ne l'enthousiasme ni ne le satisfait. Il ronchonne tout le temps. Vous le supportez de moins en moins.*

Vous avez eu assez d'empathie pour votre grand-père pour :
① venir le voir ;
② l'écouter attentivement et lui poser quelques questions ;
③ remarquer qu'il n'allait visiblement pas bien.
Mais vous ne le comprenez toujours pas. Pour comprendre les raisons qui le poussent à se plaindre ainsi, il faut commencer à vous mettre à sa place.

CHANGEZ DE COSTUME !

Pour vous mettre à la place de l'autre, posez-vous les questions suivantes :
- Quelle est son émotion (la vraie émotion, pas celle de surface !) ?
- Quel est son besoin ?
- Quel est son contexte ? Que s'est-il passé récemment dans sa vie ? Que fait-il pendant la journée ? Qui voit-il ? Quels événements ont pu perturber sa vie ? (Les questions sont les bienvenues.)
- Quelles sont ses perspectives ? Quelles sont ses envies et objectifs dans un futur proche ?

En prenant un peu de temps, vous réalisez soudain que :

- votre grand-père n'est pas ronchon, il est triste et seul ;
- qu'il a besoin d'être rassuré et de se sentir aimé dans les dernières années de sa vie ;
- qu'il passe la semaine seul chez lui. Quand il regarde la télévision, il ne comprend pas tout, certaines choses le dépassent. La grande majorité de ses amis ont été enterrés ces dernières années. Et puis, à cause de ses problèmes de mobilité, il a dû abandonner le jardinage qu'il lui procurait tant de plaisir ;
- alors que tout le monde lui fait remarquer le peu de choses qu'il lui reste encore possible de faire, lui se remémore tout ce qu'il aimait et qui a disparu. Il préfère la nostalgie au présent, bien vide ;
- lui dire « tu n'as pas de raisons de te plaindre » est injuste et inutile.

En se mettant dans le costume de l'autre, on peut mieux comprendre les différents éléments qui le poussent à réagir de telle façon. Vous ne feriez sans doute pas pareil à sa place, mais il vous est possible de montrer un peu de compassion. Cela ouvre la porte du dialogue.

LE RÉCAP'

Pour développer son empathie

En théorie

› La différence ne nous met pas en danger mais nous enrichit.

› Grâce à l'empathie, nous sommes capable de comprendre les autres et de mieux vivre avec eux.

› On juge souvent ce que l'on ne s'est jamais autorisé pour soi-même.

En pratique

› On se demande « qui est l'autre pour moi » en répondant à « comment je me sens avec lui ? » et « ce que j'aimerais ».

› On observe l'autre en suivant la check-list du langage non verbal.

› On se met en mode écoute active avec nos oreilles, notre corps, nos questions et un peu de patience.

› On se met dans le costume de l'autre en prenant en compte son contexte et son quotidien.

Chapitre 3

Interagir et répondre à l'autre

VISUALISER LES FORCES EN PRÉSENCE

Avant de prononcer le moindre mot ou d'effectuer le moindre geste, il faut bien faire cet exercice pour avoir toutes les « forces en présence » en tête, pour comprendre quels sont les besoins des uns et des autres. Gardez ce schéma à l'esprit :

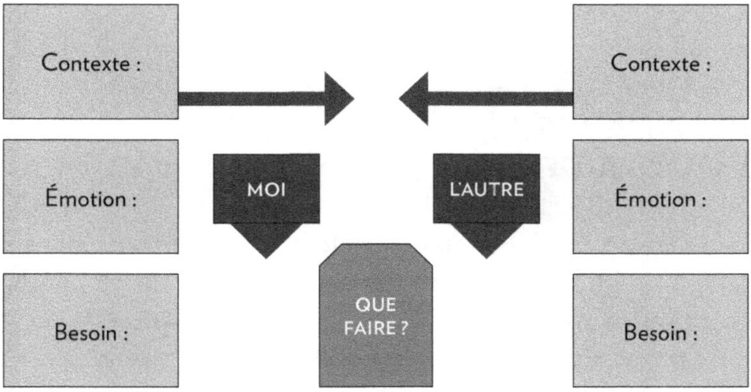

Annabelle, la sœur délaissée

« De toute façon, tu ne m'appelles jamais, tu t'en fous de ma vie ! » réplique Annabelle à sa sœur Judith avant de lui raccrocher au nez. Cette dernière n'en revient pas : sa sœur aînée lui fait une crise car elle ne l'a pas appelée alors qu'elle-même vient d'avoir un enfant et n'arrive pas à lever la tête des couches et des petits pots de purée. La première réaction de Judith est de penser que sa sœur n'est qu'une égoïste qui ne se rend certainement pas compte de la charge que représente un enfant. Puis Judith se décentre un peu d'elle-même et se met en empathie avec sa sœur : Annabelle a traversé une rupture difficile, a dû changer d'appartement récemment. Un pan stable de sa vie s'est écroulé, tandis que Judith vient d'avoir un enfant. Toute la famille n'a d'yeux que pour elle et se félicite de voir qu'elle « avance dans la vie », et « a réussi à construire un foyer solide ». À côté, Annabelle a l'impression d'être considérée comme l'adolescente de service. Elle a besoin de reconnaissance et de soutien. Désormais que faire ? Il faut agir, répondre à Annabelle.

DIRE À L'AUTRE QU'ON A COMPRIS CE QU'IL A DIT

La personne en face de vous est triste, en colère, ivre de joie, paralysée par la peur. Dans tous les cas, vous avez du mal à entrer en communication avec elle : quoi que vous disiez, elle ne vous écoute pas vraiment, encore trop happée par son émotion. Pour la « reconnecter » à vous et enclencher un dialogue, la première chose à faire est de lui donner de la reconnaissance. Elle se sentira entendue, considérée et aura moins de mal à vous écouter. C'est un peu comme agiter un drapeau blanc sous son nez et lui dire « Je viens en paix ». Alors, elle commence à ouvrir la porte.

Sans en faire des tonnes, vous pouvez juste dire des phrases d'introduction comme « Je comprends ce que tu ressens... », « À ta place, je serais sans doute dans le même état... »

L'EMPATHIE PHYSIQUE

Quand ils réussissent à bien communiquer, les êtres humains « se synchronisent ». Sans faire attention, une forme de mimétisme physique s'opère : croisement des mains, retouches de la coiffure, craquement de doigts... Quand on est connecté à autrui, on le mime sans s'en rendre compte.
Pour mettre votre interlocuteur en confiance, piquez-lui deux-trois gestes ou attitudes.
Attention : l'exercice n'est efficace que si vous y mettez un peu de subtilité bien évidemment...

L'ART DE GARDER SON CALME

Les convenances sociales nous ont déjà un peu appris à ne pas se lâcher totalement dans l'expression de nos émotions. On ne hurle pas de joie face à son patron quand il nous valide nos vacances, on ne s'effondre pas en plein milieu de la supérette à l'annonce d'une mauvaise nouvelle, on essaie le plus possible de ne pas bafouiller sous le coup du stress face à un recruteur. Pourquoi ? Parce que nous savons que tout ceci va mettre mal à l'aise les gens autour de nous. Cette capacité se décline en différents termes comme la politesse, le tact, le *self-control*, le maintien, la « bonne tenue »...

L'expression de nos émotions a un impact sur les personnes présentes. Dans les moments de tension, il est important de garder son calme pour éviter d'exacerber encore plus les ressentiments des uns et des autres et pouvoir conserver la communication.

Discuter n'est pas « répliquer ». Garder son calme ne nous empêche absolument d'être nous-même : nous ressentons toujours l'émotion et nous allons l'exprimer de façon appropriée, juste et, surtout, productive. On maximise ainsi les chances que l'autre reçoive bien notre message.

En restant calme, nous signifions aussi à l'autre qu'il n'y a pas de raison de pleurer ou de se mettre en colère. Nous le rassurons d'une certaine façon.

EXPRIMEZ-VOUS AVEC LA MÉTHODE XYZ

Que ce soit avec votre famille, vos amis, votre partenaire amoureux ou vos collègues de travail, la méthode XYZ vous permet de mettre toutes les chances de votre côté pour entamer une discussion intéressante. Vous n'êtes pas dans un procès où vous tentez de l'emporter et de montrer que vous avez raison. Cette méthode de communication non violente vous permet de poser les choses à plat, d'exprimer votre émotion et votre besoin, dans le respect, tout en montrant à l'autre que vous êtes ouvert au dialogue. N'est-ce pas fantastique ? Votre phrase se découpe en trois morceaux :

« Quand tu fais X… »
On revient au fait en lui-même. Cela évite de généraliser sur la personnalité de l'autre, chose à laquelle il ne peut rien changer et qui va donc, fatalement, le mettre sur la défensive. Attention : évitez les « jamais » et « toujours » dans votre phrase : nous ne sommes pas là pour généraliser, on s'en tient au factuel !

« … je ressens Y… »
Vous exprimez à l'autre l'émotion qui vous envahit. Vous décrivez quelle conséquence a eu l'action sur vous. N'ayez pas honte de le dire : personne ne peut vous reprocher de ressentir ce que vous ressentez. Tout le monde sait qu'il est impossible de choisir son émotion. Vous êtes dans une démarche explicative, vous pouvez assumer qui vous êtes.

« … je préférerais que tu fasses / que l'on fasse… »
C'est le moment délicat de la méthode XYZ ! Nous arrivons vers une proposition d'issue de conflit ! Pour éviter l'effet « bras de fer », il est bon d'utiliser le « on ».

« Qu'en penses-tu ? »
Vous avez fait part de votre point de vue. Désormais, la balle est dans le camp de l'autre, vous lui demandez son avis.

Nous aurons par exemple :
- À votre partenaire : « Quand tu ne me demandes pas mon avis avant d'inviter des amis, j'ai l'impression de ne pas compter. Je préférerais que l'on en parle avant ensemble. Qu'en penses-tu ? »
- À votre collègue : « Quand tu parles avec moi durant les heures de travail, je suis contente mais aussi très distraite. Je préférerais

que l'on se réserve ces moments pour la pause déjeuner. Qu'en penses-tu ? »

- À votre patron : « Quand tu ne me fais pas de retour sur mon travail, je me sens un peu perdue, je préférerais que l'on mette en place en *feedback* régulier tous les mois. Qu'en penses-tu ? »

Certains d'entre nous ont du mal à exprimer ce qu'ils ressentent à une autre personne. Ce mutisme peut s'expliquer par de la timidité, de la pudeur, mais aussi par la peur d'être jugé et de perdre l'amour de l'autre, d'être rejeté... L'être humain recherche l'intégration au groupe. C'est une façon de survivre mais aussi de se prouver qu'il « vaut quelque chose ».

Pour autant, cette peur ne doit pas vous rendre muet. Exprimer vos émotions et vos besoins permet de faire votre nettoyage intérieur, mais aussi de susciter de l'empathie auprès des autres : ils vous reconnaissent comme un être humain qui est lui aussi traversé par ses petites tempêtes personnelles. Ils vont s'identifier à vous.

C'est sûr : vous ne plairez pas à tout le monde. Votre sensibilité ne trouvera pas écho chez bien des gens ; certains s'éloigneront naturellement de vous. Mais vous n'avez pas besoin de vous trahir pour être aimé : il y a assez de cœurs et de sensibilités dans le monde pour que vous trouviez votre tribu. Si votre différence vous a auparavant valu d'être exclu, il est fort probable que dans un autre contexte, ce ne soit pas le cas.

LES EXPRESSIONS STÉRILES À BANNIR

Vous êtes peut-être déjà au courant, mais le « tu » tue ! Lors d'un échange, les critiques et reproches formulés à l'autre de façon frontale sont très improductifs. Préférez utiliser la première personne du singulier pour dire ce que vous ressentez. Posez des questions à l'autre avec vos hypothèses, plutôt que de l'accabler de vérités générales qui, j'en suis certaine, ne vont pas lui faire plaisir. Dans un dialogue, il faut donner un peu de pouvoir à l'autre. Faites des phrases où il puisse répondre en commençant par dire « Tu as raison… » C'est très efficace !

À bannir également, les « Oui, mais… », « C'est faux », « Tu ne peux pas dire ça ! », « C'est n'importe quoi ! », « Toujours… », « Jamais… », « C'est toujours comme ça ! »

LE RÉCAP'

Pour mettre en place la bonne interaction avec autrui

En théorie

› Une relation, c'est deux valises d'émotions et de besoins qui voyagent ensemble.
› On peut se connecter à l'autre quand il se sent considéré et reconnu.
› Tout peut se dire si l'on reste dans le calme et le respect.
› Accuser l'autre ne sert à rien. Le « tu » tue.
› Exprimer ses émotions nous rend humain et permet aux autres de s'identifier à nous. Cela renforce nos liens.
› Il y aura toujours des gens pour nous aimer et nous intégrer dans leur cercle.

→

En pratique

› On garde les « forces en présence » à l'esprit.

› On dit à l'autre qu'on l'a compris avant de lui répondre.

› On reprend quelques gestes et attitudes physiques de son interlocuteur pour le rassurer.

› On s'exprime avec la méthode XYZ : « Quand tu fais X, je ressens Y, j'aimerais que l'on fasse Z ».

› On oublie les « tu » accusateurs et les généralités avec les « jamais » et les « toujours ».

› On imagine que l'autre puisse nous répondre en commençant par « Je suis d'accord avec toi... »

Chapitre 4

Apaiser un conflit, trouver une solution

Vous entrez désormais dans la conversation. Bravo d'être arrivé jusque-là ! Nous allons maintenant nous concentrer pour maintenir le pont entre l'autre et vous.

QU'EST-CE QU'UNE « BONNE » SOLUTION ?

Face à une situation qui challenge nos émotions, nous sommes tenté par trois options : attaquer, fuir ou ne rien faire. Aucune d'elles n'est la meilleure... mieux vaut essayer de faire face au problème. Pour cela, l'empathie nous permet de mieux comprendre l'autre, mais aussi de faire de bons choix : puisque je sais que ce que l'autre va ressentir si je propose ceci / si je fais ça, je vais éliminer telle ou telle option.

Si je raccroche au nez de ma mère après qu'elle m'ait fait une énième remarque, je sais qu'elle va être triste et vexée. Je vais plutôt lui dire posément que ça m'énerve et tenter de lui expliquer pourquoi.

LA RECETTE DE LA BONNE RÉSOLUTION DE CONFLIT

› Elle doit répondre aux besoins de chacun. Le but du jeu est d'arriver à un accord sans perdant.
› Elle doit être juste et équitable pour chacune des parties. Il faut donc essayer de bâtir plusieurs scénarios pour choisir celui qui va nous éviter une nouvelle déconvenue.
› Elle doit s'inscrire sur le long terme. Cela demande du courage et du temps parfois, mais au moins, vous serez débarrassé de ce poids.

AMENER L'AUTRE VERS UNE PENSÉE POSITIVE

Pour maintenir le pont tendu, il est bon de reformuler régulièrement les propos de l'autre et traduire leurs émotions avec de nouveaux mots, plus positifs. Non seulement, vous vous assurez que tout le monde se comprend, l'autre se sent entendu, on se dirige vers une revalorisation du propos.

LA « MÉTHODE DU MIROIR »

Cette technique mérite toute notre attention : avec elle, nous amenons notre interlocuteur à avoir une vision clarifiée et optimiste de sa situation. Le principe : questionner l'autre, reformuler ses propos avec d'autres mots et les lui faire valider, l'aider à approfondir sa réflexion et affiner ses idées avec des questions qui le mènent à des conclusions positives et, surtout, à prononcer sa propre solution.

Dans l'exemple qui suit, Sandra a raté le concours du barreau pour la deuxième fois. Pour elle qui rêve d'être avocate, la nouvelle est dévastatrice. Son ami Bruno essaie de la remotiver.

> ***Sandra a raté son concours***
> *« Je suis nulle de toute façon ! Je ne sais pas pourquoi je continue de m'obstiner !*
> *– Je comprends que tu sois frustrée d'avoir raté ce concours. Tu dois te sentir abattue…*
> *– Oui, j'ai fait tout ça pour rien ! Je n'aurai jamais ce concours !*
> *– Ah bon ? Le nombre de candidatures par personne est-il limité ?*
> *– Non, mais je n'en peux plus ! Je ne me sens pas de tout reprendre de zéro !*
> *– Mais tu as déjà acquis une bonne partie des connaissances pour ce concours, non ?*
> *– Oui, mais bon… Là, je veux juste ne rien faire.*
> *– Qu'est-ce qui te ferait du bien ?*
> *– J'aimerais arriver à penser à autre chose On peut sortir et aller voir un bon* blockbuster *américain au cinéma ?*
> *– Oui, bonne idée, je prends mon manteau. »*

Sandra a enregistré que tout n'était pas perdu. Il est encore trop tôt pour lui parler de repasser le concours, mais elle a réussi à sortir de son cyclone de tristesse mêlée de colère et va se changer les idées.

SE DONNER DU TEMPS

Dans l'exemple précédent, Bruno a fait preuve d'intelligence émotionnelle. Il a ouvert une porte dans l'esprit de Sandra (ce n'est pas impossible qu'elle devienne avocate) mais est resté ancré dans le moment présent en suivant les besoins de son amie (se divertir).

Il ne va pas tout de suite l'écraser d'une nouvelle pression (repasser le concours) qui va exacerber son émotion négative (la peur de ne pas réussir).

Il y a un temps pour tout. Avec l'intelligence émotionnelle, on se consacre avant tout sur le moment présent pour désamorcer l'émotion qui peut nous conduire sur un mauvais chemin.

Quand vous vous retrouvez face à quelqu'un qui patauge dans son émotion, la priorité doit être de répondre à son besoin pour soulager la pression. Ensuite, une bonne gestion de nos émotions et les leçons que nous tirons de notre expérience nous permettent de continuer et prendre de meilleures décisions. Mais il faut toujours respecter une première phase de retour au calme, qu'on peut appeler « temps de digestion ».

LE RÉCAP'

Pour apaiser un conflit

En théorie

› Face à une forte émotion, on est tenté d'attaquer, de fuir ou de ne rien faire. Mieux vaut affronter la vague pour s'en tirer sur le long terme.
› Une bonne résolution doit répondre aux besoins de tous, s'inscrire sur la durée, être juste et équitable pour chacun.
› Un vrai accord est un accord sans perdant.
› Résoudre un conflit peut prendre du temps.

En pratique

› On reformule les propos de façon positive avec la « méthode du miroir ».
› On imagine différents scénarios pour trouver le plus juste.
› On fait valider la solution par son interlocuteur.

4

L'INTELLIGENCE ÉMOTIONNELLE AU CAS PAR CAS

Chapitre 1
En couple

POURQUOI EST-CE SI COMPLIQUÉ ?

Ô combien il est utile de faire de l'intelligence émotionnelle en couple ! Souvent, nous sommes désemparé face à l'autre et ses émotions, et ce pour plusieurs raisons : elles sont différentes des nôtres, nous ne les expliquons pas, nous ne savons que dire, que faire et, surtout, nous craignions qu'elles menacent un futur commun. Alors, plutôt que de les affronter, nous les fuyons ou nous nous acharnons... À force de ne pas savoir comment gérer ces émotions contraires, notre duo se fissure.

L'idée poison que l'on a tous eue à un moment est de croire que la personne qui partage notre vie est comme nous. Nous nous fourvoyons souvent dans l'illusion d'une fusion absolue. Les débuts nous y encouragent : nous échangeons messages et mots doux, le temps passé ensemble est toujours trop court. Nous pensons que l'autre répond à tous nos manques et toutes nos attentes. On ressent un tel sentiment de joie qu'on a l'impression d'être vraiment entier : nous avons enfin trouvé cet être qui nous comble et, ensemble, nous ne faisons qu'un.

Après la phase de fusion, vient celle de la différenciation. Elle est précipitée notamment par la cohabitation : d'un coup, nous nous rendons compte que l'autre a ses défauts, que nous ne sommes pas d'accord sur tout. Nous sommes surpris, nous ne comprenons pas : « Cet être si parfait serait-il une arnaque ? Et si nous nous étions trompés ? » Certains tournent le dos et retournent à la quête de l'être parfait qui n'existe pas. D'autres continuent à travailler sur leur relation, en tolérant la différence mais sans abandonner l'espoir de retrouver une fusion totale.

Tout peut changer si l'on change un peu de point de vue : l'autre n'est pas moi, ni mon double, ni mon alter ego. Il est un autre, qui n'a pas les mêmes réactions que moi, ni le même passé, ni la même éducation... Un couple, c'est l'union de deux êtres qui gravitent l'un autour de l'autre pour former une belle synergie.

Ne pas être d'accord sur tout ne signifie pas qu'il n'y a pas d'amour : vous avez là la chance de débattre, de lutter contre l'ennui et de vous élever ensemble. Sans compter que le désir sexuel se nourrit aussi de la différence... Le ciment d'un couple n'est pas la similitude mais l'amour et le partage des valeurs pour créer un avenir commun.

Au lieu de tolérer la différence de l'autre, acceptons-la, célébrons-la. Cela nous permet d'apprendre à mieux ouvrir la porte à ses émotions et mieux le comprendre. Résultat : on communique mieux, on fait du sur-mesure selon la valise émotionnelle de chacun. C'est tout l'art du compromis si primordial au couple : pouvoir exprimer ses besoins et entendre ceux de l'autre pour trouver une solution favorable à tout le monde.

Kim, son copain et l'homme idéal qui n'existe pas

Kim s'amourache toujours très rapidement et déchante aussi vite. Dès que l'autre s'avère ne pas correspondre à ce qu'elle avait idéalisé, elle entre en confrontation. Quand elle se rend compte que son nouveau copain préfère regarder des films le soir plutôt que de sortir boire des verres, elle est un peu déçue. Lorsqu'il lui propose des vacances dans la région plutôt qu'à l'autre bout du monde, elle s'agace. Elle qui aime tant visiter les musées et faire des expositions renonce face au peu d'enthousiasme de son copain. Un jour, une dispute éclate : « Je veux que mon mec me fasse rêver ! Je veux un homme entreprenant, curieux, c'est ça que j'attends ! »

Vous rappelez-vous de ces jeux de logique pour enfants dont le but est de faire rentrer des formes – carré, triangle, rond – dans les trous correspondants ? C'est un peu pareil ici : Kim a un carré et veut absolument le faire rentrer dans un rond. Plutôt que d'essayer la forme du carré, elle frappe son mobile contre le support et s'énerve, sans comprendre pourquoi ça ne rentre pas.

À force, son copain a compris qu'il ne serait pas aimé pour son identité propre, mais pour sa capacité à se rapprocher de l'homme idéal de Kim. Plutôt que de rivaliser avec un homme qui n'existe pas, il la quitte.

TUEZ LE PRINCE CHARMANT !

Par écrit, racontez comment est votre partenaire idéal : à quoi il ressemble, ce qu'il ferait avec vous, ce qu'il vous dirait, ses loisirs préférés, etc. Dressez le portrait de la femme ou de l'homme idéal pour vous.
Puis dites-lui adieu : des gens bien plus surprenants vous attendent dehors !

COMMENT FAIT-ON ALORS ?

Ouvrir la porte à l'autre et à ses émotions

Accepter – et non tolérer – les différences de l'autre est un premier pas de géant.

Habituez-vous à accueillir les émotions et les besoins de l'autre, non pas en les comparant aux vôtres, mais en les écoutant et en tentant d'y répondre dans la mesure du possible. C'est désormais à vous de décréter si le tandem émotions / besoins de l'autre vous séduit, vous semble acceptable et enrichissant pour mener une vie à deux.

On ne peut pas changer l'autre. Ce que l'on peut modifier en revanche, c'est notre façon de communiquer pour faire prendre conscience à l'autre de ce que l'on ressent et de ce qui pourrait nous rendre plus heureux. Pour cela, suivons cet exercice inspiré d'une citation de Marc Aurèle : « Que la force me soit donnée de supporter ce qui ne peut être changé et le courage de changer ce qui peut l'être mais aussi la sagesse de distinguer l'un de l'autre. »

DIFFÉRENCIEZ « CE QUE JE NE PEUX PAS CHANGER » DE « CE QUE JE PEUX FAIRE »

QUAND L'AUTRE...	CE QUE JE NE PEUX PAS CHANGER	CE QUE JE PEUX ESPÉRER	CE QUE JE PEUX DIRE POUR INSUFFLER DU CHANGEMENT
... décide de partir en vacances avec ses amis sans moi, je me vexe	Son besoin d'indépendance	Une preuve d'amour	Lui proposer de passer d'autres vacances tous les deux

Veiller au ping-pong émotionnel

> ***La colère de Juan provoque la peur de Rebecca***
> *Quand Juan s'énervait, Rebecca redoutait à chaque fois que, subitement, il la quitte. Rien que d'imaginer sa vie sans lui, elle en pleurait. « Tu chouines pour un rien ! » s'agaçait d'autant plus son compagnon (dont la capacité d'empathie était, comme vous pouvez le voir, très limitée). Plutôt que d'exprimer ce qu'elle ressentait, Rebecca préférait couper toute communication et « s'écraser » pour ne pas risquer la perte de l'être cher. Quelques heures passaient, puis le couple reprenait le cours de leur vie, comme si de rien n'était.*

Nous voici en présence d'un « ping-pong » émotionnel particulier : la colère de Juan active la peur de Rebecca qui renforce sa colère, etc. La partie s'avère particulièrement stérile : rien de positif ne va ressortir de cet échange.

Nous savons que l'expression d'une émotion provoque une autre réaction émotive chez l'autre. Dans chaque couple, certains échanges émotionnels suivent des mécanismes automatiques parfois malsains :

- quand la colère suscite la peur ou la tristesse (règne de la terreur) ;
- quand la tristesse suscite la colère (sentiment d'impuissance) ;
- quand la joie de l'un suscite la colère ou la peur de l'autre (jalousie)...

Au contraire, nous pouvons choisir de jouer à un ping-pong émotionnel intelligent. À une condition : exprimer le mieux possible nos émotions (avec la méthode XYZ) et faire preuve d'un peu d'empathie. L'autocensure ne doit pas être la condition de la « paix des ménages ».

Ça tombe bien : tout peut se dire si l'on reste calme. À partir du moment où l'un des deux renvoie à l'autre un peu d'attention, de compréhension, le dialogue a de meilleures chances d'être productif.

Revenons à notre couple. Juan a appris que Rebecca était sortie avec ses amies samedi soir et qu'elle lui a caché. Il s'énerve : « Je sais que tu es sortie samedi soir. Quand tu me caches des choses, j'ai vraiment l'impression que tu me prends pour un imbécile... » Il envoie les informations suivantes : colère et besoin de reconnaissance.

Rebecca aurait alors conscience que ce n'est pas toute la relation qui est en danger. Elle pourrait exprimer sa tristesse avec des mots. « J'avais peur que tu sois jaloux. Ça me rend trop triste quand tu t'énerves, j'ai peur que tu prennes mal les choses et que tu me quittes, alors je préfère ne rien dire... » Elle renvoie les informations : tristesse et besoin de sécurité.

En faisant preuve d'un peu d'empathie, Juan pourrait la rassurer, tout en tentant de mieux lui faire comprendre son besoin. « Je sais que parfois je suis un peu difficile, mais je ne vais pas te quitter pour ça. J'aimerais juste que l'on soit honnête l'un envers l'autre... » Il renvoie ici de la sécurité et une piste pour une solution commune.

Décrypter les doubles conversations du quotidien

Les couples qui vivent ensemble expérimentent plus que les autres ce genre de conversations : courtes, en apparence superficielles, mais lourdes de sens. Derrière chaque phrase, chacun veut exprimer autre chose. Mais personne ne s'écoute vraiment : au contraire, chacun interprète à sa sauce. Cela finit la plupart du temps par des déclarations de vérités générales assez négatives, balancées au visage de l'autre. On assiste à un dialogue de sourds où les deux personnes finissent d'autant plus frustrées.

En cachant ses pensées derrière des phrases prétextes sans jamais les traduire, on risque de s'enfermer dans des rôles (l'égoïste, la / le tyran domestique, l'incompris[e]...). À la moindre phrase ou action, on guette le petit détail qui va confirmer notre interprétation jusqu'à tomber dans des réactions caricaturales. Au final, chacun vit dans son monde parallèle de certitudes. Attention, on fonce droit dans le mur !

Essayons donc d'activer notre traducteur des pensées cachées pour décrypter ce qui se dit et ce que cela signifie à travers la conversation d'un couple ordinaire, Anne et Francis, en couple depuis vingt ans.

Le dîner avec les voisins d'Anne et Francis

« (Lui) J'ai proposé aux voisins de venir dîner chez nous jeudi soir.

– (Elle) Ah oui ?

– Oui, cela fait longtemps qu'on ne les a pas vus.

– On aurait pu aller au restaurant, ça aurait fait moins de bazar.

– Ce n'est pas grave. Faudra juste faire un coup de ménage avant et puis voilà.

– Ben voyons, et on le fera quand ?

– On peut s'y mettre ce soir un peu.

– Je n'avais pas du tout envie de faire ça ce soir, je voulais regarder ma série tranquille.

– Et bien fais ce que tu veux de ton côté ! De toute façon, avec toi, on ne peut jamais rien faire ! »

Passage au « traducteur » :

CE QUI S'EST DIT	CE QUE L'UN VOULAIT VRAIMENT DIRE	CE QUE L'AUTRE A INTERPRÉTÉ
« J'ai proposé aux voisins de venir dîner chez nous jeudi soir »	J'ai organisé un truc sympa, on va passer une bonne soirée	C'est comme ça et puis c'est tout
« Ah oui ? »	Tu ne m'as pas demandé mon avis ?	Cela ne m'emballe pas beaucoup
« Oui, cela fait longtemps qu'on ne les a pas vus »	Oui, j'avais envie de voir des gens un peu, de sociabiliser	Tout de même, ce n'est pas correct vis-à-vis des voisins
« On aurait pu aller au restaurant, ça aurait fait moins de bazar »	D'accord, mais je n'ai pas l'énergie pour préparer tout un dîner	Je n'ai pas envie que ça bouscule ma vie plus que ça
« Ce n'est pas grave. Faudra juste faire un coup de ménage avant et puis voilà »	Ne te fais pas de souci, avec un peu d'efforts, ça ne nous coûtera pas trop	N'en fais pas un flan. Et puis, comme ça, tu seras bien obligée de faire le ménage
« Ben voyons, et on le fera quand ? »	J'ai un emploi du temps chargé. Cela me met du stress sur le dos	Tu es vraiment débile
« On peut s'y mettre ce soir un peu »	Ce n'est pas la mer à boire. On peut morceler par étapes	Je te dis ce qu'on va faire ce soir et puis c'est tout
« Je n'avais pas du tout envie de faire ça ce soir, je voulais regarder ma série tranquille »	Tu m'imposes des choses, je me sens oppressée, j'ai besoin de temps pour moi aussi	Je m'en fiche de tes projets, je préfère faire ma vie tranquille de mon côté et ne pas être dérangée
« Et bien c'est ça, fais ce que tu veux de ton côté ! De toute façon, avec toi, on ne peut jamais rien faire ! »	Rien ne t'enthousiasme, c'est épuisant. Je suis lassé de toujours prendre les initiatives et ça me rend triste	Je ne suis pas heureux avec toi, je t'aime de moins en moins

Comment bien se disputer

Vous êtes en désaccord sur un point qui risque de faire chauffer la température émotionnelle. Une dispute approche. Ne l'évitez pas, réussissez-la, comme une valse à quatre temps :

① Chacun exprime son point de vue en s'en tenant au fait (un sujet à la fois, on évite les généralités). « Quand tu fais ça / il se passe ça, je me sens... »

② Digérez. Chacun peut réfléchir de son côté, le temps de calmer son émotion.

③ Reprenez le dialogue en vous mettant en empathie avec l'autre. On reformule ses propos. « Je comprends ce que tu veux dire..., « J'ai compris que tu te sentais... »

④ Pensez à une solution commune. Donnez-vous du temps. N'hésitez pas à faire pause et revenir plus tard sur le sujet. Ne le mettez pas sous le tapis pour autant. On troque :
   - le volume pour la confiance en soi : on reste calme ;
   - l'agressivité pour la bienveillance : l'autre n'est pas notre ennemi, mais notre partenaire ;
   - la susceptibilité pour le respect : on range son ego, on se met à l'écoute de l'autre.

Durant une dispute, il nous tient souvent à cœur de défendre notre cause : c'est normal, nous avons besoin de reconnaissance. Cependant, il arrive que ce besoin se transforme en désir de « victoire » sur l'autre. On veut être celui qui a raison et le prouver à l'autre, quitte à l'enfoncer dans l'humiliation. Même quand l'autre a tort, le plonger dans son erreur mène rarement à un chouette compromis : on préfère foncer dans le mur, mais flatter son ego.

Mettons plutôt de l'eau dans notre vin, soyons indulgent et concentrons-nous plutôt sur la solution.
Après tout, la prochaine fois, c'est peut-être nous qui aurons tort...

TEST : QUE DEVRAIENT-ILS PLUTÔT DIRE ?

Pour vous entraîner au dialogue émotionnel intelligent dans le couple, voici quatre situations. Imaginez ce que le couple aurait pu se dire pour éviter de foncer droit dans le mur.

1/ Kevin et Mouna sont ensemble depuis quatre ans. Mouna a souvent l'impression de n'être qu'un loisir de plus dans la vie de Kevin. Ce dernier l'aime sincèrement mais sait qu'il ne sera heureux en couple qu'en gardant une forme d'indépendance. Un jour, il lui annonce de but en blanc : « Au fait, j'ai fait des visites et je vais acheter un appartement. Tu veux le visiter ? » Mouna hallucine et lui répond : « Je te souhaite beaucoup de bonheur avec toi-même, adieu ! »

2/ Lionel et Évelyne. Lionel est retraité et adore faire des brocantes le week-end, ce qui embête au plus haut point sa femme, Évelyne, encore en activité : elle préfère rester à la maison, devant la télévision ou avec un bon livre. Un samedi matin, il lui dit :
— Viens, il y a une super brocante dans un village à deux pas ! Je suis sûr qu'on va trouver des merveilles !
— Tu ne veux pas y aller le week-end prochain plutôt ? Là, je suis crevée.
— Mais non, viens ! Ça te fera du bien, faut te secouer un peu !
— Comment ça, faut me secouer ? Dis, je travaille toute la semaine moi, et à temps plein !
— Parce que moi je me tourne les pouces ?
— Oh ça va, tu n'es pas à plaindre ! Qu'est-ce que tu peux être égoïste ! C'est insupportable !

3/ Anna et Patrick se sont fréquentés pendant quelques mois après s'être rencontrés via une application de rencontres. Mais Anna sent que leur relation ne va pas les mener loin. Elle redoute la réaction de Patrick, très susceptible et préfère le ghoster, c'est-à-dire disparaître sans un mot du jour au lendemain. Patrick, atterré par ce silence, l'inonde de textos et de mails pour comprendre, allant même jusqu'à l'insulter.

4/ Karine et Pablo s'aiment depuis six ans... mais leur vie sexuelle est au point mort. Karine a beau essayer de remettre du piment, rien n'y fait : Pablo a toujours des arguments pour décliner son initiative : la fatigue, l'heure tardive, ce petit rhume... En réalité, Pablo traverse une phase de déprime et stresse à l'avance de ne pas assurer. Karine, elle, « n'en peut plus ». Plus elle tente, plus son mari la rejette. Elle ne se sent plus désirable et en veut à Pablo de ne pas correspondre au cliché de « l'homme viril ». Les tentatives de Karine se terminent toujours par des phrases vexantes pour chacun : « Tu es un homme ou pas ? », « Tu es obsédée ! », « Je veux me sentir vivre ! », « Tu m'étouffes »...

→

Résultats :

Réponse 1/ Kevin aurait pu se douter que Mouna allait se sentir exclue. Il aurait pu mieux introduire son propos : « J'ai quelque chose à te dire. Je voulais t'en parler depuis longtemps : j'ai décidé d'investir dans l'immobilier et j'ai trouvé un bien intéressant. J'ai besoin d'indépendance, sinon je me sens étouffé, et donc je préfère acheter seul. Cela ne veut pas dire que je ne t'aime pas. Je serais d'ailleurs heureux de te le montrer, j'aimerais avoir ton avis. Qu'en dis-tu ? »

Réponse 2/ Évelyne aurait pu répondre à la proposition de Lionel : « Je sais que tu aimes beaucoup ces brocantes, mais là je suis épuisée par ma semaine de travail… Vas-y seul si tu veux, on passera un bon moment tous les deux ce soir. Pourquoi ne pas sortir au restaurant ? » Lionel aurait aussi pu répondre : « Je comprends que tu sois fatiguée par tes horaires, mais j'ai l'impression qu'on ne fait plus grand-chose ensemble. Je peux y aller seul, mais pourquoi ne pas aller au cinéma ce soir ? »

Réponse 3/ Anna aurait pu dire à Patrick : « Écoute, je préfère qu'on arrête de se voir. J'ai passé des bons moments mais je ne me sens pas amoureuse. Je ne veux pas te faire de mal ni te faire souffrir mais je pense que c'est mieux comme ça. » Patrick aurait aussi pu répondre ainsi face au silence d'Anna : « Je ne comprends pas ton silence. Je me sens rejeté et traité comme un minable. Pourrais-tu me dire ce qu'il se passe ? »

Réponse 4/ Pablo pourrait assumer ce qu'il ressent auprès de sa femme et lui dire : « Je sais que tu es frustrée, mais en ce moment je ne me sens pas au meilleur de moi-même. J'ai peur de ne pas te satisfaire et je me sens nul. » Karine, au lieu de s'énerver, pourrait demander à Pablo si tout va bien, si elle lui plaît encore. L'option de rendre visite à un thérapeute de couple ou un sexologue pourrait être évoquée afin que chacun mûrisse l'idée de son côté.

LE RÉCAP'

Pour cocréer un couple « intelligent »

En théorie

❯ L'autre n'est pas nous. Le couple représente deux éléments qui gravitent l'un autour de l'autre et forme une synergie ensemble. C'est donc bien moins ennuyeux.

❯ Ne pas être d'accord ne veut pas dire qu'on ne s'aime pas.

❯ L'autocensure émotionnelle fissure le couple.

❯ Avoir raison ou trouver une solution, il faut choisir.

❯ La confiance en soi l'emporte sur le volume sonore, la bienveillance sur l'agressivité, le respect sur la susceptibilité.

En pratique

❯ On ne « tolère » pas les différences et les défauts de l'autre : on les accepte ou on part.

❯ On tue le prince charmant.

❯ On fait la différence entre ce qu'on ne peut pas changer, ce qu'on peut espérer et ce qu'on peut faire / dire.

❯ On décrypte les doubles conversations avec un traducteur : « Ce qui s'est dit » / « Ce qu'il a voulu dire » / « Ce que j'ai interprété ».

❯ On se souvient de la recette de la dispute en quatre temps : expression, digestion, empathie, solution.

Chapitre 2

Avec votre enfant

POURQUOI EST-CE SI COMPLIQUÉ ?

Éduquer son enfant, c'est comme être au pied d'une immense montagne : on a l'impression que c'est trop dur, qu'une multitude de pièges et d'embûches nous attendent. Puis on commence à grimper, on fait des pauses, on apprend, on y va tranquillement et, peu à peu, on avance. Parfois nos chemins s'égarent, un peu. On réagit par des moyens de dépit : on ne sait pas faire autrement. Être parent, c'est faire du mieux qu'on peut avec ce qu'on a.

Combien d'entre nous sont déjà restés complètement démunis devant un enfant qui pleure ? Il a mangé, sa couche est changée, il est propre, tout va bien et pourtant il ne cesse de crier... Vous pensez « Il veut me rendre fou » ou « Il fait un caprice ». Détrompez-vous : un petit enfant n'est pas encore assez intelligent pour faire preuve d'un tel machiavélisme. Les pleurs des enfants en bas âge ne sont que l'expression de leurs besoins. Les psychologues spécialistes de la petite enfance en distinguent quatre principaux :

- Ils sont en manque affectif.
- Ils font face à trop de tensions. Quand l'enfant est dans un univers très excitant, où il est hypersollicité, il est en surcharge et finit par exposer. C'est typiquement ce qui arrive au supermarché. Il faut alors réussir à focaliser son attention sur un point précis pour lui éviter de se donner le tournis.

- Ils ont besoin d'être stimulés. Vous êtes tranquillement au restaurant avec votre amie et votre bébé dans sa poussette n'arrête pas de pleurer, vous n'arrivez pas à finir une phrase sans être dérangée. Votre enfant a besoin d'être stimulé. C'est dans sa nature de découvrir, tester, expérimenter. Il ne peut rester tranquille en vous regardant avec ses grands yeux. Lui dire « Sois sage ! » est vain. Encore une fois, il faut canaliser sa soif d'expérience.
- Leur rituel a été brisé. Un enfant enregistre des rituels pour avoir une image stable du monde qui l'entoure, il marque ses repères. Quand une de ses habitudes est cassée, c'est souvent le drame. Comme le jour où vous êtes venu le chercher à l'école non pas à vélo, mais en voiture. Ou cette autre fois où vous avez changé de goûter : à la place des cookies, vous aviez mis un fruit et il a eu du mal à s'en remettre. C'est peut-être un détail pour vous, mais pour lui, ça veut dire beaucoup.

Alors, si vous vous demandez comment faire de l'intelligence émotionnelle avec votre enfant, déjà, bravo. En vous sensibilisant au sujet, vous allez permettre à votre enfant d'ouvrir sa fenêtre de tolérance émotionnelle, de mieux s'assumer, de prendre confiance en lui et d'avoir plus de souplesse dans ses relations aux autres.

COMMENT FAIT-ON ALORS ?

Faire face à son propre héritage éducatif

Sabine possédée par sa propre mère

« Tu arrêtes ça tout de suite ou sinon tu vas aller dans une autre famille ! » a hurlé Sabine sur sa fille, Lina, 4 ans, qui refuse de manger son assiette depuis six bonnes minutes. La petite

enfant a fondu en larmes aussitôt. Sabine s'est étonnée elle-même d'entendre dans sa bouche les mêmes mots menaçants qu'utilisait sa mère avec elle trente-cinq ans plus tôt. Elle se rappelle la terreur qui la parcourait alors et s'en veut d'avoir à son tour fait subir cela à sa fille.

Nous reproduisons souvent, spontanément, les mêmes réflexes éducatifs que nos parents quand nous ne savons plus quoi faire. Pourquoi ? Parce que nous savons que cela a marché sur nous. Mais qu'est-ce que « marché » peut bien vouloir dire ? Que cela nous a fait arrêter de pleurer pendant un moment. Que cela a soulagé nos parents. Mais pour nous, l'enfant, rien n'a été plus simple après, bien au contraire.

Tout parent doit regarder en face l'éducation qu'il a reçue. Il ne s'agit pas de faire des procès après coup, ni de juger ses parents, mais d'anticiper ce qui peut ressortir de nous-même quand nous sommes pris au dépourvu. Cette rétrospective nous permet de réfléchir en amont à des stratégies de substitution pour éviter le même écueil.

LES PHRASES *NON GRATA*

Sur votre cahier, notez les phrases que vous répétaient vos parents et qui vous mettaient hors de vous. Relisez bien et essayez de penser à des phrases de substitution pour les remplacer.

Avant 5 ans, les enfants ne savent pas relativiser, leur cerveau n'en est pas capable. Ils ont donc du mal à concevoir les explications. Vous aurez beau leur dire « Ne traverse pas la route car il y a des voitures qui passent et c'est dangereux », c'est trop complexe pour leur cerveau encore peu développé. C'est aussi pour cela qu'on dit qu'à 7 ans, ils atteignent l'âge de raison : ils sont alors capables de mettre en perspective les choses, d'anticiper et de comprendre des explications. C'est à partir de ce moment-là que l'on peut souligner, dans l'apprentissage de la discipline, l'importance des conséquences de nos actions sur les autres. On éduque alors ses enfants à l'empathie.

La crise du jouet oublié

Si votre enfant fait une « crise » car il a oublié un de ses trente-quatre jouets chez ses grands-parents, ne lui dites pas « Ce n'est pas grave ». Lui est parcouru du sentiment de la perte, son équilibre s'est brisé. Son corps se remplit de stress, il ne sait pas comment le gérer. Vous devez alors l'aider à comprendre ce qu'il ressent en lui disant : « Je sais, tu es triste et tu te sens perdu sans ce jouet, c'est difficile. Mais cela passera. On reviendra le chercher plus tard. Le jouet est toujours là, on va le revoir. » Et vous pouvez prendre votre enfant dans vos bras pour le rassurer.

Assurer le sentiment de sécurité de l'enfant

Les parents, mais plus globalement les adultes, ont un rôle majeur à tenir auprès de l'enfant en bas âge : leur cerveau se développe mieux quand l'entourage – parents, famille, personnel éducatif – fait preuve de bienveillance, d'amour et d'empathie. Dans le cas inverse, le développement cérébral est altéré : l'enfant qui a connu la violence, l'humiliation, la punition excessive, la peur, est plus sujet aux troubles du comportement, à l'anxiété, à l'agressivité, à la dépression. Autant de facteurs qui nuisent à l'apprentissage et à la bonne régulation émotionnelle.

DIX MINUTES PAR JOUR

Passer du temps avec lui à jouer, même quelques minutes par jour, lui faire des câlins, le tenir dans vos bras, être attentif à ses besoins, aux émotions qu'il exprime, éviter la colère et la violence... Ce sont des choses basiques, certes, mais y consacrer quelques minutes par jour avec application et bienveillance, dans le tourbillon infernal de la vie de parents actifs, relève parfois d'un vrai défi.

En tant que parents, vous voulez apprendre un milliard de choses à votre enfant. Pourtant, vous avez un objectif clair et simple : le maintenir en sécurité, biologique et affective. Votre enfant a besoin de vous pour trouver ses bases, se développer, s'affirmer et voir l'étendue des possibilités qui s'offrent à lui.

LES TROIS INCOMPÉTENCES FRÉQUENTES CHEZ LES PARENTS

1. Ignorer les sentiments de ses enfants : on ferme les yeux sur ce qu'ils expriment.
2. Minimiser et laisser faire : on dit que ce n'est pas bien grave et que cela passera tout seul.
3. Vouloir dominer à tout prix : on voit tout à travers le prisme « L'enfant doit m'obéir / Je vais me faire respecter ». Résultat : on veut exercer son autorité non pas pour le bénéfice de l'enfant mais pour se rassurer soi-même.

Éviter le chantage affectif

On le fait sans s'en rendre toujours compte. Face aux débordements de notre enfant, nous nous entendons prononcer des phrases comme « Maman va être très triste si tu fais ça », « Ramène de bonnes notes à l'école », « Arrête de pleurer, sois un grand »... Dans le cerveau d'un jeune enfant, les ordres de ce type n'ont qu'une seule traduction : « Si tu ne fais pas ça, je ne vais plus t'aimer ». L'enfant s'exécute, parce qu'il a peur de perdre l'amour qui l'a nourri jusqu'ici. En adoptant ce schéma de peur, nous créons des adultes angoissés, qui redoutent le regard des autres mais, surtout, qui ont du mal à exprimer qui ils sont vraiment et quels sont leurs vrais besoins.

Remplacer le « non » et l'ordre par une proposition positive

Afin d'éviter de braquer notre enfant et de générer de la peur ou de la tristesse, détournons nos phrases systématiques vers des reformulations plus positives. Au lieu de dire « Arrête de regarder la télé », disons « Ça te dirait de venir à table pour manger ? J'ai préparé un bon repas pour nous tous ». Si votre enfant hurle « Je veux encore un bonbon ! », évitez le « non » en répondant : « D'accord, mais tu ne préfères pas plutôt le bon velouté que l'on t'a préparé ? »

Vous contournez la demande, sans opposer un « non » frontal qui est vécu comme un refus de répondre à son besoin (en vérité, il ne veut pas forcément de bonbons, mais juste garder cette émotion de joie et le plaisir qu'il a ressenti ces dernières minutes). Il faut soigner les transitions pour maintenir son éveil et son système de récompense en mode *on*. Il est bien plus audible pour un enfant d'entendre ce qu'il peut faire que ce qu'il ne peut pas faire.

Exercez-vous avec les phrases que vous prononcez souvent dans la vie de tous les jours. Et gardez une chose en tête : « Vos enfants ne sont pas vos enfants. » *Késako* ? Cette phrase tirée du livre *Le Prophète* du poète libanais Khalil Gibran* n'a pas l'air de vous faire du bien à première vue. C'est normal : si votre enfant n'est pas à vous, mais alors, à qui est-il ? Et bien, il est à lui-même ! Plus vous projetterez sur lui des projets radieux de réussite, d'accomplissement, plus vous avez des attentes à son sujet, plus vous risquez d'être déçu. Faire des enfants pour vivre par procuration à travers eux n'est pas une éducation louable. De même que vous ne pourrez pas empêcher vos enfants de souffrir, de se frapper à la vie. Vous les concevez physiologiquement, oui, mais ne les construisez pas comme un lego, pièce par pièce. L'enfant va faire sa propre construction (et vous surprendre). Vous devez être là pour le faire se sentir en sécurité… mais le laisser s'envoler également.

Ouvrir le champ des possibles avec son ado

Comme nous l'avons expliqué précédemment, plus les parents réussissent à donner des réponses diverses en réaction aux émotions de leur enfant, plus celui-ci sera « souple » dans sa gestion des émotions. Une fois arrivé à l'adolescence, votre enfant est capable d'avoir son propre entendement. Au collège, il se crée une vie parallèle à laquelle vous n'avez pas entièrement accès et c'est normal. Continuer de donner des ordres, c'est donner des limites de façon autoritaire. Vous ne savez plus « mieux que lui » ce qui est bien pour lui.

Plutôt que de réagir automatiquement à ses différentes émotions, écoutez-le, questionnez-le, ne répondez plus à sa place mais

* Première publication en 1923 ; Librio, 2017.

accompagnez-le dans son raisonnement. Il ne vous verra plus comme un parent autoritaire et sourd, mais comme un allié et un support précieux pour tracer sa propre voie.

LE RÉCAP'

Pour optimiser les relations avec son enfant

En théorie

› Chaque parent fait du mieux qu'il peut avec ce qu'il a.
› Nos enfants ne sont pas nos enfants.
› Un parent doit procurer de la sécurité physique et affective à un enfant. On ne peut le protéger de tout.
› Quand on ne sait plus quoi faire, on reproduit les mêmes réactions que nos parents avaient avec nous.
› Plus vous êtes bienveillant et ouvert, plus le cerveau de votre enfant se développe bien et a une plus grande fenêtre de tolérance émotionnelle.
› Dominer votre enfant ne fait pas de vous un bon parent.
› Un petit enfant ne vous « manipule » pas : il exprime un besoin et apprend à gérer ses émotions.
› Avant sept ans, un enfant ne sait pas relativiser.

En pratique

› Avant de penser à évacuer sa propre colère, on imagine l'état émotionnel de son enfant qui ne sait pas quoi faire.
› On fait la liste des phrases non grata issues de notre enfance.
› On consacre dix minutes par jour minimum à un échange affectif de qualité avec notre enfant.
› On aide l'enfant à mettre des mots sur ses émotions pour qu'il les comprenne.
› On arrête de dire « Ce n'est pas grave ».
› On veille à ne pas placer son enfant dans un univers hyperstimulant.

› On essaie de remplacer le « non » ou la négation par une phrase positive pour faire la transition.
› On laisse son adolescent nous dire de quoi il a vraiment besoin. On arrête de penser qu'on « sait mieux que lui ».
› Après 7 ans, on explique aux enfants les conséquences anticipées de leurs actions pour les sensibiliser à l'empathie.

Chapitre 3
En famille

POURQUOI EST-CE SI COMPLIQUÉ ?

Elle aime, elle punit, elle protège, elle se défend, elle pleure, elle crie, elle claque la porte, elle encourage, elle juge, elle protège sa culture et ses valeurs, elle intègre, elle rejette, elle pardonne, elle fait toujours les mêmes erreurs, elle boude, elle perdure envers et contre tout... Quel territoire fascinant de paradoxes qu'est la famille !

La famille est sans doute le lieu où il est le plus difficile de faire de l'intelligence émotionnelle. Pourquoi ? C'est auprès de notre famille que nous avons fait notre éducation émotionnelle et que nous avons créé nos premiers liens d'attachement. Les schémas établis durant l'enfance se sont profondément ancrés en nous, il est d'autant plus difficile de prendre du recul vis-à-vis d'elle.

Chaque famille est comme un orchestre qui compose sa propre musique : chaque membre s'est spécialisé sur un instrument, certains ne s'accordent bien qu'avec d'autres, d'autres se renvoient les mêmes notes.

Disons que vous êtes un piano. Il vous faut entendre beaucoup d'autres pianos et acquérir une grande expérience de la musique pour vous rendre compte que vous avez été accordé d'une certaine façon et que, en changeant deux ou trois choses, vous produirez de meilleures sonorités.

Mais voilà, changer un accord revient parfois à bousculer tout l'orchestre. Cela peut générer de la peur : certains instruments se braquent, dérapent sur leurs fils. D'autres adorent votre proposition et la mélodie n'en est que plus belle.

Pouvoir assumer ses émotions en famille et se mettre à l'écoute de celles des autres est un vrai challenge : il faut prendre en compte, sans s'y cramponner, les souvenirs, les rancunes, les frustrations accumulés depuis des années. Cela nécessite aussi parfois de s'extraire des rôles dans lesquels chacun a été enfermé. Les résistances peuvent être très fortes.

Mais, en dénouant les nœuds émotionnels, vous pouvez aussi engendrer des réactions à la chaîne bénéfiques pour tout le monde.

COMMENT FAIT-ON ALORS ?

Accepter les émotions des autres

Dans chaque famille, nous jouons des rôles : celui de la mère poule, du père protecteur, de l'enfant à abreuver d'amour, de l'enfant qui « fait la fierté de la famille »... Chacun s'est positionné – ou a été positionné – avec un « titre ». Vous ne pouvez attendre de votre sœur, de vos parents, de votre cousin et de chaque membre de votre famille qu'ils soient des êtres totalement objectifs vis-à-vis de vous. Leur identité s'est forgée en partie par rapport à vous : ils ne cesseront jamais de ressentir certaines émotions.

Des parents normaux s'inquiéteront pour leur enfant, même si celui a 40 ans. L'aîné de la famille voudra toujours montrer le chemin aux autres.

La première intelligence dont vous pouvez faire preuve est d'accepter qui ils sont, ce que vous représentez pour eux, et leurs émotions et besoins. Cependant, vous pouvez essayer de les tempérer.

> ***Les parents angoissés de Noah***
> *Les parents de Noah sont de grands angoissés : ils ont toujours peur pour lui, dès qu'il part en voyage, qu'il prend la voiture ou qu'il sort le samedi soir en ville. Et pourtant, Noah a 31 ans ! La peur de perdre leur enfant pèse sur Noah : il a lui-même peur de faire un faux pas, de décevoir ses parents, de leur causer du souci. Un week-end, son père et sa mère lui prêtent leur maison de campagne pour fêter l'anniversaire d'un ami. Les parents appellent cinq fois au cours du week-end pour savoir « si tout va bien ». Le dimanche soir, ils rappellent Noah pour s'assurer qu'il a bien fermé les volets et les portes comme il faut. « Laissez-moi ! Ça suffit, vous me saoulez ! Je ne suis pas un gamin !, crie-t-il à travers le téléphone. Vous êtes vraiment des paranoïaques, je ne vous demanderai plus jamais rien ! » Puis il leur raccroche au nez.*

Comment Noah aurait-il pu faire autrement ? En exprimant sans filtre sa colère, Noah a cru se faire respecter, alors qu'en vérité, il a seulement nié le besoin de ses parents. Il aurait pu penser aux « forces en présence » :
- lui, un homme adulte et indépendant, qui aimerait bénéficier de la confiance de ses parents, lors d'un week-end où ses amis proches sont témoins de leur relation ;
- ses parents, de nature angoissée, qui ont peur qu'il arrive quelque chose à leur enfant unique, qui lui font assez confiance pour lui confier leur bien, mais s'inquiètent évidemment malgré tout.

S'il a besoin d'être reconnu dans son identité d'adulte, les parents avaient besoin d'être rassurés. Il joue le rôle du fils émancipé, ses parents jouent leur rôle de parents inquiets.

Avec cela, Noah aurait pu appeler lui-même ses parents au cours du week-end pour leur dire que tout allait bien. Il aurait pu leur expliquer en amont que, vis-à-vis de ses amis, il préfère les appeler lui-même. Il aurait pu leur dire qu'au moindre souci, il les appellerait.

Au téléphone, il aurait pu prendre une grande respiration et dire : « Je comprends que vous soyez stressés. Mais quand vous me harcelez au téléphone, j'ai vraiment l'impression d'être considéré comme un gamin. J'ai fermé cette maison des centaines de fois... Pouvez-vous me faire confiance ? »

FAITES VOTRE CASTING FAMILIAL

Prenez votre cahier et, sur une page, disposez librement les personnes de votre famille de façon plus ou moins proche les unes des autres selon les affinités que vous supposez. En dessous de chacune d'elles, notez le « titre », le « rôle » rempli par chacun.
Imaginez qu'une de ses étiquettes change : comment l'ensemble s'en retrouverait-il changé ? Vous pouvez remarquer qu'en changeant certaines étiquettes, d'autres membres de la famille pourraient trouver une autre place.
Par exemple, si je n'étais pas la « fille rebelle », mon enfant ne serait peut-être pas perçu comme « capricieux » : on a prolongé sur lui l'opposition entre ma mère et moi. Si mon frère et moi ne prenions pas toute la place avec nos tempéraments extrêmes (« la rebelle » / « le parfait »), notre petite sœur aurait peut-être plus de place pour s'exprimer et se faire connaître.

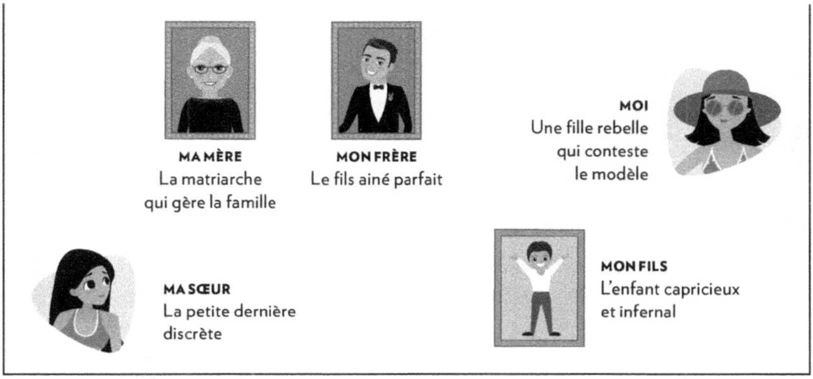

Impliquer sa famille dans son bonheur

Vous êtes né dans un cadre familial précis, avec des règles et des valeurs, qui peuvent, à la longue, vous enfermer. Pourtant, ce cadre doit vous donner confiance et non vous limiter.

Lors de débordements émotionnels, la famille se sent souvent trahie et attaquée. Votre mère se met à pleurer quand vous ne l'appelez pas souvent, votre grand frère s'énerve quand vous lui faites un reproche, vous avez peur des réactions de votre père... Chacun accumule une petite vexation, une crainte, un besoin inassouvi.

Il existe un moyen simple et efficace pour désamorcer les émotions négatives : dire merci à l'autre, lui rappeler combien il nous a apporté et participé à notre identité d'aujourd'hui. Ainsi, on montre à sa famille qu'on ne va pas contre elle, mais qu'on est dans son prolongement. En incluant notre famille dans les choix qui nous rendent heureux, elle se ravise un peu.

À votre mère qui se met à pleurer en disant que vous ne l'appelez jamais, vous pouvez lui répondre : « Maman, tu sais que je t'aime.

Je ne t'oublie pas, mais tu as fait de moi un adulte indépendant. Sois en fière. »

Aux parents stricts qui réagissent mal quand leur enfant leur annonce qu'il adopte un mode de vie nomade : « Je vous remercie pour toutes les choses que vous m'avez apportées. Mon éducation a été riche, j'ai appris beaucoup de choses, et désormais je sais ce qui est le mieux pour moi. C'est aussi grâce à vous que je sais ce qui me rend heureux. »

LE REMERCIEMENT GRATUIT

La prochaine fois que vous appelez un membre de votre famille, dites-lui merci pour quelque chose qu'il vous a apporté, même si ce n'est pas la raison de votre appel. Au passage, comme ça. Vous verrez les bienfaits sur le long terme de la gratitude régulière.

Faire intelligemment les annonces difficiles

Vous devez annoncer à votre clan une nouvelle qui ne va pas forcément les faire sauter au plafond. Évidemment, votre famille va réagir en suivant la ligne des valeurs du clan, le mantra suprême de la famille qui garantit sa sécurité (du moins c'est ce qu'elle croit) : « s'accomplir », « s'enrichir financièrement », « s'enrichir d'expériences », « se mettre à l'abri du besoin », « maintenir le rang social », « trouver de la stabilité », « perpétuer la lignée »...

Nous avons sans doute tous eu peur un jour d'affronter notre famille. Nous avons peur de briser un équilibre qui n'en est pas un, puisqu'il fait du mal à certaines personnes (vous, du moins).

Gardez en tête que vous devez rester aligné avec vos valeurs et vos besoins : vous avez le droit d'être vous-mêmes. Plutôt que de « confronter », présupposant aussitôt qu'il y aura conflit, préférez « affronter ». En affrontant, je dis ce que je ressens, j'exprime mon envie, mon besoin.

Vous n'êtes pas responsable des réponses à toutes les questions que vous vous posez et qui génèrent en vous du stress : « Comment vont-ils réagir ? », « Vont-ils être déçus ? », « Vont-ils me désapprouver ? », « Quelles en seront les conséquences ? » C'est aux autres d'accueillir la nouvelle et de moduler leurs émotions. Toutefois, vous pouvez mettre les chances de votre côté pour instaurer un bon climat émotionnel.

Nous l'avons compris à travers les chapitres précédents : les émotions sont contagieuses. Il est donc possible d'influer sur l'humeur des autres en soignant sa propre humeur à partir du moment où elle est la plus expressive dans la pièce. Vous donnez le « La » émotionnel. En disant les choses avec le sourire, en exprimant surtout des émotions positives, vous envoyez les bons signaux à votre interlocuteur. La première chose qu'il retiendra est « Tout va bien, il / elle est satisfait(e) ».

L'annonce aux grands-parents d'Anaïs

Après avoir caché pendant des années leur relation, Anaïs redoutait d'annoncer à ses grands-parents qu'elle allait se fiancer avec Mehdi, Français d'origine algérienne. Il faut dire qu'ils n'ont jamais fait preuve d'une grande ouverture, se laissant allègrement aller à des remarques racistes et xénophobes. Anaïs craignait qu'ils ne refusent de venir au mariage, qu'ils la rejettent et ne veulent plus la voir. Quand elle imaginait sa visite, elle se voyait, prostrée au fond du canapé, « passer aux aveux » comme une petite fille qui aurait fait quelque chose de mal, s'attendant à être grondée. En anticipant leur réaction, ce type de comportement aurait envoyé le message suivant : « Vous avez le droit d'être en colère, je m'y attends, j'ai fait quelque chose de mal, je suis désolée. » Les grands-parents auraient suivi la voie qu'on avait prétracée pour eux : celle de la colère.

Le jour J, elle a décidé d'y aller avec le sourire : après tout, elle se sentait comblée, ses fiançailles étaient une bonne nouvelle. Elle allait tenter le plus possible de communiquer son bonheur. Elle a utilisé sa peur comme un moteur pour s'affranchir enfin de la pression familiale et enfin être entièrement elle-même. Avec un grand sourire, elle a prononcé une phrase d'introduction donnant le ton : « J'ai une grande nouvelle à vous annoncer, je suis très heureuse » Avec grand enthousiasme, elle les a abreuvés de son histoire avec Mehdi, donnant le plus de détails positifs. Anaïs n'a pas laissé de place pour autre chose que de la joie. À sa grande surprise, ses grands-parents l'ont félicitée et se sont dits heureux pour elle.

S'ils ont tout de même fait quelques remarques par la suite aux parents d'Anaïs, la nouvelle est « passée » et les liens ne se sont pas brisés.

COMPRENEZ LE « MANTRA » DE VOTRE FAMILLE

Chaque famille a ses insécurités et une ligne de conduite qui en découle. Rappelez-vous les phrases récurrentes qui reviennent au sein de la vôtre. Comprenez ce qui garde la famille soudée, par quel biais elle se sent unie. Demandez-vous s'il existe un autre dénominateur commun qui pourrait être plus agréable pour tout le monde.

Mettre fin aux rancunes et revoir ses attentes

Chaque famille a ses cadavres dans le placard et ses non-dits. Certains membres peuvent passer des décennies sans se parler pour des histoires en apparence futile, mais qui signifient bien plus.

L'intelligence émotionnelle doit pouvoir vous aider à formuler les problèmes relationnels pour les dénouer. Il n'est jamais trop tard pour un coup de fil et la méthode XYZ. Le but n'est pas forcément de tomber d'accord, mais de renouer le contact, sauf si cela vous coûte trop.

Un de mes meilleurs amis m'a dit un jour : « On devient adulte le jour où l'on pardonne à ses propres parents. » Ce n'est pas facile, mais pourtant très vrai.

Nos parents sont des êtres humains, avec leurs failles et leurs défauts. On l'apprend en devenant soi-même parent : ils ont fait comme ils ont pu. Vous avez tout de même de l'air dans vos poumons et assez de volonté pour ne pas subir votre vie. À partir de là, tout ira bien.

Pardonner aux membres de notre famille d'être ce qu'ils sont, c'est arrêter d'attendre trop d'eux. Non seulement, vous faites du bien à votre santé (baisse de la tension, du stress, de la souffrance...), mais cela vous permet de voir ce qu'il y a de bon et d'agréable chez eux.

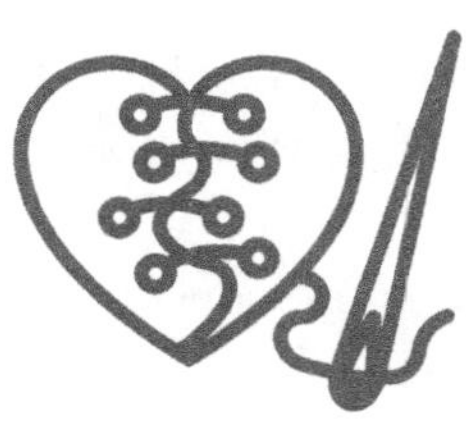

PARDONNEZ !

Prenez un stylo et notez les quelques personnes de votre famille contre lesquelles vous avez des rancunes tenaces.
Exprimer vos sentiments et le besoin qui a été froissé. Imaginez quelle serait votre relation si vous pardonniez.

LE RÉCAP'

Pour bien vivre en famille

En théorie

› Il est difficile de faire de l'IE avec notre famille car c'est auprès d'elle que nous avons fait notre éducation émotionnelle.
› Chaque famille est un orchestre qui est habitué à jouer les mêmes mélodies. Un accord change et tout peut être bousculé.
› Chacun joue un rôle et porte une étiquette, parfois malgré lui. Mais rien n'est figé dans le marbre.
› La famille craint le rejet et la trahison. Chaque famille a ses insécurités et un « mantra » qui en découle. Il peut être bon de le modifier si plusieurs personnes en souffrent.
› La famille nous apprend toujours des choses.
› Il faut rester aligné avec soi-même. Nous ne sommes pas responsable des réactions des autres.
› On devient adulte quand on pardonne à ses parents ne pas avoir été parfaits.

En pratique

› On fait son casting familial sur une feuille.
› On devine le mantra de la famille et on le remet en question.
› On implique la famille dans son bonheur en disant merci pour ce qu'elle nous a apporté.
› On donne le « La » émotionnel quand on fait des annonces.
› On pardonne et on revoit ses attentes à la baisse pour grandir.

Chapitre 4
Entre amis

POURQUOI EST-CE SI COMPLIQUÉ ?

Nos amis sont la famille que nous nous sommes choisie. Ils rendent notre vie plus riche et plus joyeuse, et nous renvoient une image positive de nous-même. Une belle amitié est un cercle vertueux qui bénéficie de tout ce que n'a pas une famille ou un couple : de la distance et assez d'indépendance pour ne pas trop attendre des autres.

Cependant, quand nous faisons face à des vagues émotionnelles fortes, nous perdons parfois nos moyens. Voici plusieurs astuces en cas de fortes tempêtes.

COMMENT FAIT-ON ALORS ?

Éviter la suridentification

Nous choisissons nos amis car nous avons des valeurs et des goûts en commun. Mais quand ils partent dans des directions qui nous surprennent, nos émotions s'en retrouvent chamboulées. « Je ne pensais pas ça de lui », « Je ne comprends pourquoi il fait ça »,

« Il est bizarre en ce moment »... L'autre nous met en colère, nous attriste, nous effraie : il n'est plus, d'un coup, l'ami que l'on croyait.

Nous réagissons ainsi car, comme en couple, nous avons tendance à trop imbriquer notre identité et celle de nos amis. Ils définissent en partie notre vie et notre identité. Mais les rejeter au moindre impair, à la moindre différence ou incompréhension révélerait malheureusement la piètre qualité de notre amitié.

L'autre est différent, et il faut parfois de nombreuses années pour pouvoir accepter nos amis comme ils sont, malgré leurs défauts. Il faut, encore une fois, éviter de faire un transfert et de vivre notre identité à travers eux.

L'adultère de l'une n'est pas celui de l'autre

Raphaëlle a quitté son mari il y a deux ans : elle avait découvert que celui-ci entretenait une liaison avec une collègue de travail depuis plusieurs mois. La blessure n'est pas encore pansée quand Clotilde, une de ses meilleures amies, lui confie avoir embrassé un de ses collègues à une soirée. Clotilde est en couple depuis plusieurs années, mais traverse une phase difficile : son partenaire a du mal à s'engager et elle ne sait plus si elle doit passer à autre chose ou attendre qu'il se projette avec elle.

Quand Clotilde raconte son incartade à Raphaëlle, celle-ci entre dans une colère noire. « Comment peux-tu faire ça ? C'est dégueulasse ! C'est malhonnête ! Je ne pensais pas que tu étais capable de faire ça ! » lui assène-t-elle. Raphaëlle l'a sans doute oublié sur le moment, mais elle aussi a déjà commis des tromperies avec ses anciens petits amis. En l'état actuel des choses, elle reste focalisée sur son histoire récente. Elle n'écoute pas son amie, qui vit visiblement quelque chose de bien différent et qui aurait besoin de son soutien.

L'identification est trop forte. Clotilde se braque : « Tu ne me comprends vraiment pas, tu ne penses qu'à toi ! Je ne te confie pas tout ça pour être jugée et engueulée comme une gamine ! »

Attention au syndrome du sauveur

Quand nos amis nous parlent de leurs histoires, certains d'entre nous ont très rapidement tendance, sans qu'on ne nous demande rien, à donner des conseils. Comme si nous devions, en tant qu'ami, trouver la solution pour rendre l'autre heureux. On espère que nos propres expériences leur serviront.

Pourtant, l'ami en question n'a rien demandé. Il espérait seulement pouvoir finir sa phrase. Assommé par nos conseils, il se sent infantilisé et finit par nous laisser parler, sans nous écouter. Comment lui en vouloir, puisque nous avons fait de même.

Attention au syndrome du sauveur ! Vous n'êtes pas là pour réparer la vie de vos amis à leur place. Quand ils viennent nous parler, ils cherchent à partager leur joie ou satisfaire un besoin de reconnaissance. On l'oublie souvent, mais écouter avec bienveillance suffit déjà à répondre et à combler leurs attentes. Certains n'ont même pas envie de parler, ce n'est pas le moment.

Écoutons un peu mieux nos amis : ils viennent vers nous en sachant de quoi ils ont besoin. À nous de les soutenir.

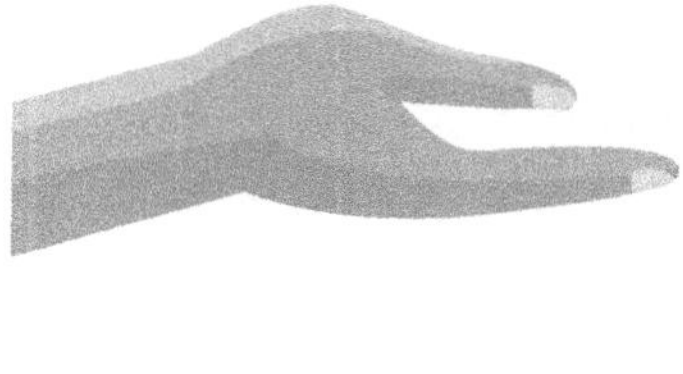

ARRÊTEZ DE DONNER DES CONSEILS !

Parce que chacun est différent, votre solution idéale ne sera pas celle qui ira sur mesure à votre voisin. Plutôt que de conseiller d'emblée un ami (sans réel impact au final), essayez plutôt de le faire accoucher de sa propre solution.

Ça a l'air tout bête comme ça, mais l'exercice devrait vous surprendre. La prochaine fois que vous êtes au téléphone ou face à un ami, essayez de ne pas lui donner de conseil. Oubliez les « À ta place... », « Mais pourquoi tu ne fais pas ça... ? », « Si j'étais toi... » Tâchez seulement de l'écouter, de le questionner pour qu'il arrive à approfondir sa pensée. Vous verrez que c'est bien plus difficile que ce que l'on pense !

LE RÉCAP'

Pour simplifier les relations amicales

En théorie

› Les amis sont la famille que nous avons choisie.
› Ils nous renvoient une image positive de nous-même.
› Ils viennent vers nous pour être reconnus et écoutés, plus que conseillés.
› Ils connaissent mieux leurs besoins que nous.
› Vous n'êtes pas là pour les réparer.

En pratique

› On évite le syndrome du sauveur.
› On écoute ses amis, vraiment. On ne les conseille pas à tout-va, ce serait de l'ingérence.
› On évite les transferts avec notre propre vie. On ne les juge pas.
› On les amène à formuler leur propre solution.

Chapitre 5

Au travail

Dans notre environnement professionnel, l'intelligence relationnelle est un atout de taille.

Les personnalités à fort QE (quotient émotionnel) réussissent davantage à grimper dans la hiérarchie que les forts QI. Pourquoi donc ? Car elles maîtrisent l'intelligence sociale (ou relationnelle) : elles savent écouter les autres, les comprendre, les motiver et résoudre des conflits, elles font de meilleurs leaders et collègues. Elles permettent de faire tenir le collectif et le mener vers les mêmes objectifs.

Que l'on soit chef ou pas, développer son intelligence émotionnelle permet globalement d'améliorer son atmosphère de travail. La machine est mieux huilée avec notre supérieur, nos collègues ou de nouveaux collaborateurs. Cependant, les rapports de force et les enjeux étant différents, nous distinguerons trois configurations : les relations avec nos collègues, avec notre chef, avec notre équipe.

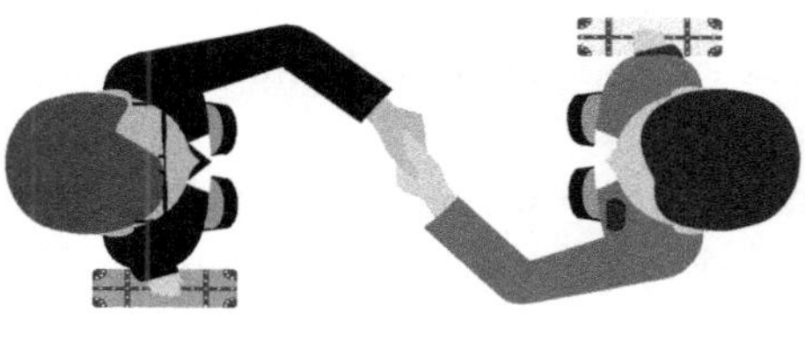

POURQUOI EST-CE SI COMPLIQUÉ AVEC LES COLLÈGUES ?

À l'école et à l'université, nous avions des camarades de classe. Ils nous ont permis de créer des liens hors de la sphère familiale, d'affirmer notre identité, de nous sentir intégré et aimé, d'accomplir des actions collectives performantes.

Dans le milieu professionnel, c'est un peu pareil : le bureau est un autre lieu de rencontres et de performance. Nous aimons nous y sentir apprécié et nous voulons prouver aux autres notre valeur. Les collègues forment un entourage proche (nous les voyons tous les jours, plus que nos propres amis), mais pas forcément intime. Il faut dire que nous ne choisissons pas nos collègues, nous faisons avec. Cette demi-mesure – proches mais distants – nous place dans une drôle de position. Pour ne pas entrer sur le terrain de l'intime, nous évitons l'expression de nos problèmes ou de nos émotions. Nous voulons faire bonne figure, paraître sous notre meilleur jour. Et souvent, nous avons l'impression de ne pas être nous-même.

COMMENT FAIT-ON ALORS ?

Intégrer le groupe

Lorsque nous abordons de nouveaux collègues ou collaborateurs, nous cherchons à plaire pour intégrer le groupe. Ce besoin génère parfois du stress voire de la peur. Allons-y pas à pas.

Vous intégrez un groupe qui est déjà formé. Il faut y aller en douceur. Les personnalités un peu extraverties qui détonnent dès leur arrivée sont souvent perçues comme des menaces à l'équilibre établi : elles prennent l'espace qui a été acquis par les autres et sont vite ostracisées.

Comme pour un petit nouveau à l'école primaire, l'intégration en bonne intelligence doit pouvoir suivre quatre étapes :

① Il faut prendre le temps d'observer le groupe : on apprend à connaître les personnalités et le fonctionnement de chacun. On respecte ainsi ceux qui nous ont précédé.

② On approche les membres, sans contester leurs règles et leurs valeurs. On ne rentre pas dans la confrontation. On montre « patte blanche » pour assurer aux autres que l'on ne représente pas de menace.

③ On attend que notre position soit validée (que les autres nous proposent de déjeuner ensemble, par exemple). On ne peut s'imposer tout seul contre tous : si les autres en sont à l'initiative, votre intégration sera d'autant plus facile.

④ Une fois que l'on fait partie du groupe, après quelque temps, on s'affirme et l'on peut influer du changement.

Fraîchement débarqué dans un nouvel environnement, on veut montrer qui l'on est et laisser un bon souvenir... quitte à commettre bien des maladresses. Gardez cela en tête : s'il n'est jamais trop tard pour que les autres vous découvrent, il est souvent trop tard pour corriger une mauvaise première impression.

Puis, quand les collègues nous font nous sentir intégré, on a parfois tendance à s'emballer rapidement : notre joie nous fait oublier nos précautions. On va ensemble en *afterwork*, puis en soirée, et on se livre à des confidences en balayant les doutes d'un simple « C'est bon, ça va, on s'entend super bien ! » Certes, l'entente est au rendez-vous, mais attention : la confiance doit se gagner, particulièrement auprès de gens que vous allez voir tous les jours et qui font partie de votre équipe.

En effet, le monde professionnel est un peu comme une cour de récréation : on y retrouve des rumeurs, des commérages, de petites trahisons. Méfiance... Vous n'avez pas à livrer des éléments trop personnels pour être adoubé par le groupe. Le temps et les réactions des uns et des autres face aux divers événements diront s'ils pourront être de potentiels vrais amis en dehors de la vie de bureau. En attendant, gardez des balises entre votre vie personnelle et votre vie professionnelle.

Gérer le collègue difficile

Oui, c'est ce voisin de bureau qui vous coupe sans arrêt dans votre travail pour bavarder. Cette collègue qui se plaint tout le temps de tout et « flingue » l'ambiance. Le fayot de service qui dénigre toujours les autres en réunion. Votre binôme qui, au lieu de collaborer avec vous, se positionne en rival et sape votre travail. Celui qui s'évapore toujours à la pause clope quand vous arrivez. La collègue qui pleure sur votre épaule à la machine à café pendant de longues minutes...

Quel que soit son comportement, le collègue difficile vous laisse perplexe : vous ne savez comment faire face à cet ovni. Sa présence vous plonge dans le trouble. La plupart du temps, vous vous laissez faire ou vous l'évitez à tout prix... Jusqu'au jour où vous lui dites ses quatre vérités frontalement et passez pour le / la méchant(e) de l'histoire.

Avant toute chose, essayez de voir « plus loin que le bout de votre nez » : pourquoi votre collègue se plaint-il tout le temps ? Pourquoi se sent-il en rivalité ? Essayez de vous mettre en empathie avec lui, de prendre le temps de mieux le connaître en le questionnant.

Ensuite, nous avons une fâcheuse habitude de coller une étiquette à l'autre et de nous en satisfaire. Et si, à la place, vous écoutiez l'autre et vous le poussiez dans ses retranchements ? La collègue qui pleure sur votre épaule a peut-être besoin qu'on l'écoute vraiment, en lui posant des questions, en lui donnant un peu de considération, plutôt que de s'échapper de son périmètre dès que possible. Certains psychologues affirment qu'il n'y a pas de Calimero, mais seulement des gens qui essaient d'exprimer un besoin, sans que personne ne leur prête vraiment attention.

Pour terminer, rien ne vous empêche de parler franchement à votre collègue difficile avec la méthode XYZ. Quelques exemples :

- « Je comprends que tu traverses une phase difficile, mais là, je dois boucler un dossier important. Si je ne le rends pas à temps, je vais avoir des problèmes. Pourrait-on continuer cette conversation plus tard ? »
- « J'ai remarqué que tu me contrais systématiquement en réunion, j'ai l'impression qu'il y a un malaise entre toi et moi. Ai-je fait quelque chose ? Peut-on en parler ? »
- « Quand tu commères au sujet de nos collègues avec moi, cela me gêne, je ne pense pas que cela participe à la bonne ambiance générale. Pourrait-on parler d'autre chose ? »

LES 1 001 VIES DU COLLÈGUE DIFFICILE

Sur votre cahier, écrivez le prénom d'un de vos collègues difficiles et imaginez au moins dix-quinze raisons qui pourraient expliquer son comportement. Prenez en compte son contexte actuel et les récents événements intervenus dans votre entreprise.

Éviter les transferts

Parce que nos collègues sont au même grade hiérarchique que nous, nous avons beaucoup moins de filtres avec eux. Résultat : nous leur disons beaucoup plus de choses, et notamment celles que l'on devrait dire à d'autres...

Nous faisons alors un « transfert » : on donne le message au mauvais destinataire. Pourquoi au juste ? Parce que, en la présence de ces collègues, nous sommes dans un bon conditionnement émotionnel : nous nous sentons en sécurité, nous ne ressentons ni peur ni stress. Très bien, cela peut faire un bon entraînement... avant de le dire au vrai destinataire, avec les enjeux et la pression qui vont avec. Vous évitez aussi par la même occasion de « saouler » vos collègues en ressassant des histoires qui ne sont pas les leurs.

Enfin, acceptez de ne pas plaire à tout le monde. Vous travaillez dans une entreprise pour accomplir une mission, donner un sens à votre vie, gagner de l'argent et un milliard d'autres raisons. On décide rarement d'intégrer une entreprise pour se faire des amis : il y a d'autres lieux pour ça.

POURQUOI EST-CE SI COMPLIQUÉ AVEC LE BOSS ?

Ah le terrible *boss* ! Celui qui aurait un droit de vie ou de mort sur votre carrière. Celui à qui vous n'osez pas dire ce que vous pensez. Celui qui a un impact conséquent sur votre travail et, globalement, sur votre vie. Le chef suscite la crainte, la joie, la tristesse et la colère aussi. Et pourtant, nous avons souvent le plus grand mal à bien communiquer avec lui. Voici quelques clés.

COMMENT FAIT-ON ALORS ?

Accepter la critique

Quand notre chef nous fait une critique ou un reproche, on a tendance à se braquer immédiatement, comme si c'était la seule chose qu'il retenait de nous. On passe les minutes suivantes à essayer de lui montrer qu'il a tort (ce qui est vain dans 98 % des cas). Alors, comment mieux vivre les critiques ?

Il faut mettre la critique en perspective. Dézoomez pour faire retomber le stress. Rappelez-vous que :

- vous ne vous résumez pas qu'à cela ;
- vous avez aussi des qualités (vous pouvez d'ailleurs le questionner à ce sujet) ;
- la critique est constructive : elle vous donne un axe d'amélioration ;
- elle signifie que votre chef regarde votre travail et vous reconnaît ;
- c'est une marche vers votre ascension professionnelle.

Quand vous parlez avec votre chef, veillez à :

- toujours garder un stylo et du papier disponibles dans les parages. Vous coucherez noir sur blanc les points essentiels (important pour éviter de ressasser et de déformer les propos par la suite) et montrerez à votre *boss* que vous prenez en considération ses remarques ;
- demander à votre chef des preuves factuelles de ce qu'il avance : chiffres, exemples, etc. ;
- reformuler de façon synthétique ce qu'il vous a dit à la fin de votre conversation : vous vous approprierez avec vos mots la critique et vous l'intégrerez de façon constructive.

TEST : QUEL NARCISSIQUE EST VOTRE BOSS ?

Tous les chefs sont plus ou moins narcissiques. Il y a les bons narcissiques… et les mauvais. En fonction, il faut passer par différentes stratégies pour mieux communiquer avec eux. Passons-les au crible !

1/ Un de vos collègues est en arrêt maladie pour *burn-out* depuis plusieurs mois. Votre chef…
a. n'en dort pas la nuit et se demande ce qu'il aurait pu faire autrement.
b. a fait un point avec le service médical et les RH pour en savoir plus.
c. dit : « C'est quelqu'un de faible de toute façon, il ne tient pas la pression. »

2/ Vous savez que votre chef a candidaté à un poste supérieur… et n'a pas été choisi. Il vous dit :
a. « Celui qui a eu le poste était pistonné, pas étonnant. »
b. « Je pense que j'aurais plus fait l'affaire, mais bon. »
c. « Je n'étais sans doute pas prêt pour ça ! La prochaine fois ! »

3/ Pour arranger les salariés avec des enfants, l'entreprise a interdit les réunions après 18 h. Votre chef :
a. a fait un point avec tout le monde pour expliquer cette démarche.
b. prévoit les réunions à 17h45.
c. râle à ce sujet devant vous mais s'y plie.

4/ Vis-à-vis de vos autres collègues, le chef…
a. favorise ceux qui lui passent la brosse à reluire.
b. a ses chouchous mais tente de rester objectif.
c. traite tout le monde avec la même distance.

5/ Vous avez remporté un super projet ou battu un nouveau record. Votre chef :

a. vous emmène voir le N+2 pour qu'il vous félicite.
b. fait comme si de rien n'était.
c. s'approprie tout le mérite auprès des autres chefs.

6/ Il faut « cravacher un peu plus dur ». Votre chef vous demande de venir à 7 h 30 pétantes du matin pendant tout le mois qui vient en vous disant :

a. « C'est juste ce mois-ci, tu pourras récupérer plus tard. »
b. « Tu fais ce que je te dis, je suis ton chef. »
c. « Je suis vraiment désolé mais je n'ai pas le choix. Évidemment tu auras une prime de
pénibilité. »

7/ Vous faites le bilan annuel avec votre chef. Vous lui dites que vous aimeriez avoir des *feedbacks* plus réguliers. Il vous répond :

a. que vous avez raison et en prend note tout de suite.
b. que cela ne servira à rien : vous n'écoutez jamais ce qu'on vous dit.
c. que vous auriez dû lui dire plus tôt.

8/ Votre *boss* a validé votre stratégie pour appâter un client. Mais cela n'a pas porté ses fruits… Après coup, il vous dit :

a. rien du tout.
b. « Tu as fait du bon travail malgré tout. »
c. « Je t'avais dit que c'était une stratégie bancale. »

→

Résultats : comptabilisez vos points !

	1	2	3	4	5	6	7	8
a	1	3	1	3	1	2	1	2
b	2	2	3	2	2	3	3	1
c	3	1	2	1	3	1	2	3

De 1 à 8 points : Votre *boss* est un narcissique sain
OK, votre *boss* est un *boss* qui s'aime bien... mais vous avez de la chance : il est capable de se remettre en question ! *Fair-play*, ouvert, soucieux du bien-être de son équipe, il veut être un « bon » chef et accepte les remarques venant de ses salariés pour progresser. C'est un bon allié pour progresser car il n'est pas égoïste.
Comportement à adopter : Vous pouvez exprimer normalement vos émotions, votre chef est assez ouvert et empathique pour cela.

De 9 à 16 points : Votre *boss* est un narcissique lunatique
Il fait comme il peut ! Un jour sympathique et compréhensif, le lendemain plus sévère, votre chef oscille entre mauvaise foi et bon management. Il a parfois du mal à partager le mérite, de peur que cela ne l'affaiblisse en tant que chef.
Comportement à adopter : Mieux vaut le prendre dans les bons jours pour lui demander des vacances ou un *feedback*. Il vous faudra être un peu pédagogue, le rassurer dans son rôle de chef. À long terme, vous pouvez devenir son bras droit.

De 17 à 24 points : Votre *boss* est un narcissique malsain
Aïe aïe aïe, il aurait grand besoin d'une formation en leadership ! Plutôt que de connaître et de motiver ses troupes, votre chef, lui, les écrase pour le bénéfice de sa propre gloire. Il fait de l'empathie sélective avec ceux qui lui renvoient une bonne image de lui-même, ne supporte pas la critique et pense que le fait d'être chef lui permet

tout, sans avoir besoin de s'expliquer. Parfois ahurissant de bêtise, il est facile de perdre ses moyens face à ce petit tyran du bureau pour qui tout est affect.
Comportement à adopter : Vous devez être le plus rusé. Acceptez que votre patron ne change pas, cessez de vous offusquer, vous allez perdre du temps et de l'énergie pour rien. L'intelligence émotionnelle sera votre alliée : entraînez-vous au dialogue avec la méthode XYZ, restez dans le factuel et, surtout, gardez votre calme.

Savoir prendre son chef au bon moment

Vous commencez à comprendre la mécanique : pour faire preuve d'une bonne intelligence émotionnelle avec notre entourage, il faut anticiper ses réactions et lui dire les bonnes choses au bon moment. Cela est d'autant plus vrai avec notre patron.

Parce qu'il est notre supérieur, nous supposons qu'il est toujours capable de tout entendre, à tout moment : son job, c'est de gérer. Mais il est plus futé d'ouvrir un peu ses capteurs et de prendre la température avant de se jeter dans la piscine. Votre responsable est un être humain qui est lui aussi traversé d'émotions. Il faut les prendre en compte pour déceler les fenêtres d'opportunité qui s'ouvrent à vous.

DEMANDER SES CONGÉS LE VENDREDI

De nombreux coachs assurent qu'on multiplie les chances d'obtenir gain de cause quand on demande ses congés le vendredi plutôt que le lundi. Pourquoi ? Le vendredi, la perspective du week-end met tout le monde de bonne humeur. Votre patron a bouclé la semaine, il se détend.

Le lundi, tout recommence, la journée est chargée, il faut organiser la semaine, il se remet du week-end. Votre demande ne sera qu'une énième charge à gérer.

Vous voulez demander une RTT, une augmentation, son avis sur un projet ou un service ? Évitez d'intervenir dans le paysage :

- quand il se prépare à une réunion avec ses supérieurs (le stress rend hermétique) ;
- quand il s'apprête à quitter le bureau (vous coupez sa joie en le renvoyant à ses responsabilités) ;
- quand il n'a pas plus de dix ou quinze minutes devant lui ;
- quand il vient d'obtenir de mauvais résultats (en colère, il va se défouler sur vous) ;
- durant la pause clope ou café. C'est son moment de détente.

Pour trouver le bon moment, vérifiez les critères suivants :

- est-ce le bon moment ?
- quelle est son humeur ?
- quelle est la météo de notre relation en ce moment ?
- qu'a-t-il fait avant et que va-t-il faire après ma requête ?

En veillant à cela, vous facilitez la tâche à votre chef et il sera d'autant mieux disposé à votre sujet.

Assumer ses états d'âme

Certes, le travail est un lieu où nous modérons nos émotions pour rester focalisé sur un objectif commun. Mais, parfois, les émotions sont tellement envahissantes que nous avons besoin de nous déconnecter pour les digérer intelligemment. Aller faire un tour dehors ne suffit pas toujours. Dans ce cas-là, mieux vaut assumer et aller parler à son chef. Le tout étant de le faire de manière responsable. Voici un exemple.

Vous venez d'apprendre une terrible nouvelle et vous êtes complètement bouleversé. Vous avez du mal à vous concentrer sur votre travail et craigniez de faire des bêtises. Vous avez besoin de temps pour vous. Prenez le temps de formuler votre demande en faisant preuve d'empathie. Vous montrez que vous avez conscience de la faveur demandée.

« Écoute, je viens d'apprendre une terrible nouvelle (le fait) et je sens que j'ai besoin de me retirer un peu (ressenti), je n'arrive pas à me concentrer (conséquence). Je sais que je n'ai pas fini mon travail du jour (empathie pour le besoin du patron), mais je me rattraperai plus tard (réponse au besoin du patron). Est-ce que ça te semble envisageable ? (ouverture vers le compromis) »

Le chef aussi a besoin d'écoute

Parce qu'il occupe une place hiérarchique supérieure, personne ne veut se mettre en empathie avec lui. Le fait de gagner un salaire plus élevé lui ôterait le droit d'être plaint. Beaucoup d'entre nous ont l'image d'un chef en acier, que rien n'ébranle, qui est sûr de lui. Mais, aussi incroyable que cela puisse paraître, votre *boss* est aussi un être humain. Il doute, il ressent des émotions contraires au travail, il a lui aussi besoin d'écoute, de sécurité, de reconnaissance. Certes, vous n'êtes pas là pour être son psy, mais, de temps en temps, il peut apprécier qu'on s'enquière de son état.

Pour cela, vous pouvez :
- lui demander comment il va en ce moment ;
- lui faire un *feed-back* sur les tensions dans le bureau ;
- lui dire ce que vous appréciez (vraiment) dans son management ;
- lui dire que vous êtes là s'il a besoin de parler.

NE CONFONDEZ PAS BUREAU ET FAMILLE

Vous attendez d'être adoré par votre *boss* ? Vous vous sentez constamment en rivalité avec vos collègues ? Ou vous avez du mal avec l'autorité ? Attention, il se pourrait que vous fassiez un transfert de vos schémas familiaux au bureau. Certains coachs et psychologues ont remarqué que nous recréons les mêmes positionnements dans notre environnement de travail que dans notre famille. Le chef dont vous recherchez tant l'approbation ne serait-il pas le symbole de l'un de vos deux parents ? Cette salariée avec laquelle vous êtes en permanence en conflit ne vous rappelle-t-elle pas cette fille rebelle que vous avez eue tant de mal à gérer ?
Cherchez les possibles points de ressemblance entre les émotions que vous ressentez vis-à-vis de votre entourage personnel et votre entourage professionnel.

POURQUOI EST-CE SI COMPLIQUÉ AVEC SON ÉQUIPE ?

Vous avez plusieurs personnes sous votre responsabilité et, parfois, vous avez beau essayer de faire du mieux possible, les réactions des uns et des autres vous dépassent. Penchons-nous sur les bonnes cartes à jouer.

COMMENT FAIT-ON ALORS ?

L'importance du feed-back

Souvent, les chefs se contentent de voir que la machine tourne et ne prennent pas le temps d'instaurer une relation équitable et approfondie avec leurs employés. À partir du moment où tout roule pour eux, ils ne ressentent pas le besoin de communiquer plus que ça avec les membres de leur équipe. Pourtant, comme une voiture a besoin d'essence pour avancer, ces derniers ont besoin d'un *feed-back* régulier sur leur travail, positif comme négatif.

En faisant régulièrement des retours à vos salariés, vous participez à la satisfaction de leurs besoins de reconnaissance, de sécurité, de réalisation personnelle. Même lorsque vous les critiquez, vous devez balancer vos propos pour éviter qu'une émotion ne domine l'autre. Vous devez essayer de les maintenir à niveau.

> ***« Tu sais tout le bien que je pense de toi »***
> *Chaque année, lors du bilan annuel, Laure avait droit au même refrain de la part de sa chef. « Bon, tu sais tout le bien que je pense de toi. Là, je suis un peu en retard, alors passons directement aux aspects négatifs. » Toutes les deux s'entendaient*

très bien et partageaient une vraie complicité depuis plusieurs années. Mais à force d'entendre uniquement ce qu'elle pouvait améliorer, Laure a commencé à ressentir un profond manque de reconnaissance.
Sa chef se rendait-elle compte de tout ce qu'elle faisait ? Quand lui disait-elle « merci et bravo » au juste ? Les pauses clope à rire et à papoter ne suffisaient plus à Laure pour se sentir valorisée au travail.

L'art de bien critiquer

Pour faire une critique, il faut savoir faire une louange, sans quoi, l'autre la vivra comme une attaque personnelle et se refermera comme une huître. Pire, il réagira en se mettant sur la défensive.

LA RECETTE POUR FAIRE UNE BELLE ET BONNE CRITIQUE

1. Être investi dans le propos (on ne fait pas ça par mail !). Adopter un ton calme : pas de mépris, ni d'agacement. Vous êtes posé, empathique mais sérieux.
2. Dire ce que la personne a accompli. On satisfait un besoin de reconnaissance. Évidemment, on fait un compliment précis, sans quoi, cela va paraître louche.
3. Souligner ce que la personne peut accomplir de plus ou encore mieux. Expliquer les conséquences que cela aurait sur le travail global de l'équipe.
4. Proposer des solutions. Rien de plus terrible qu'un chef qui dit : « Comment je peux t'aider ? »

En tant que chef, apprenez les trois critères élémentaires qui génèrent chez vos équipes du bien-être et de la performance :

- la confiance : le fait de pouvoir se laisser guider par un chef, savoir qu'il est dans une démarche bienveillante et positive, que l'on peut écouter ses conseils ;
- le sentiment de justice : avoir conscience des codes et des règles du jeu de l'entreprise, et savoir que l'on sera récompensé ou mis en garde en fonction. On comprend comment les gens sont reconnus par le système ;
- l'adhésion aux valeurs et à la vision sur le long terme : partager les mêmes ambitions, valeurs et croyances pour réussir à s'unifier autour d'un même projet ou objectif.

Si vous souhaitez des équipes innovantes et créatives, évitez le plus possible de les brimer. Les dates d'échéance stressantes, les évaluations régulières, la surveillance… ont tendance à tuer la créativité : plus vous mettez de barrières, moins vous instaurez un climat où l'audace et l'imagination auront leur place.

Le petit journal de Mei

Mei est responsable de la communication d'une entreprise de 150 salariés. Le trimestre dernier, elle a rendu très en retard son travail. Son chef lui dit : « Mei, je suis vraiment satisfait de tout ce que tu as fait au niveau de la communication interne. Le journal d'entreprise était très riche, les témoignages et portraits à l'intérieur étaient très valorisants. Les gens se sont sentis reconnus et valorisés, ça a eu de bons effets sur la motivation des salariés. Pour la prochaine fois, ce serait encore mieux si tu pouvais boucler la maquette un peu plus tôt. Les imprimeurs ont besoin de plusieurs jours pour sortir le journal et, cette fois-ci, on a été un peu juste sur la date de parution. Est-ce que ça t'irait si l'on fixe la date de rendu dix jours plus tôt ? »

Remotiver son équipe

Romain et l'équipe déprimée

L'équipe de Romain est un peu « flagada » : les gens traînent la patte, l'ambiance est morose et les résultats, par conséquent, assez mous. Romain envisage plusieurs options : donner une prime pour remotiver les troupes, organiser un séminaire d'entreprise durant un week-end pour décompresser avec un escape game *par exemple, ou encore faire un remontage de bretelles en règle avec un discours de ras-le-bol.*

- Le remontage de bretelles suscitera de la peur chez certains membres de l'équipe et permettra d'améliorer un peu les résultats sur le court terme. Mais, sur le long terme, Romain perdra l'adhésion des autres membres par ce management de la terreur.
- Le week-end de décompression permet de renforcer les liens et de procurer un peu de joie à l'équipe. Mais il ne suffira pas à créer une dynamique sur le long terme une fois de retour au bureau.
- Avec la prime, Romain achète temporairement les bons sentiments des employés à son égard, mais ne touche pas au fond du problème.

Plutôt que de trouver des moyens de recadrer ou de divertir son équipe, Romain devrait plutôt se pencher sur ce qui les a plongés dans cette morosité. Rappelez-vous : la joie est notre émotion de base ; il suffit d'enlever ce qui suscite de la tristesse, de la colère ou de la peur pour retrouver le bien-être.

C'est un peu pareil ici : pour remotiver une équipe, il faut comprendre ce qui l'a démotivée. Chacun peut avoir ses propres raisons : l'un estime ne pas avoir été assez reconnu pour son travail, l'autre a des problèmes personnels qui assombrissent son ciel, deux autres sont en conflit… Il sera plus efficace de réaliser des entretiens individuels en questionnant vos collaborateurs, en expliquant la démarche. Que recherchent-ils à travers leur travail ? La reconnaissance ? L'accomplissement ? La stabilité ? Vous pouvez leur poser la question directement. En mettant le doigt dessus, vous serez en mesure d'adapter votre discours pour encore mieux les motiver.

Certains n'oseront pas dire franchement ce qu'ils pensent. Ici, Romain pourrait par exemple mettre à disposition une boîte où chacun glisserait de façon anonyme ses suggestions et remarques.

FAITES LA RÉTROSPECTIVE DU PARCOURS DU PLAIGNANT

Il a suffi d'un événement, d'une réaction, d'un refus pour que, d'un seul coup, vous ayez la sensation de ne plus du tout connaître un collaborateur qui vous accompagne depuis des années. Pour mieux cerner sa motivation, faites donc une petite rétrospective de son parcours à l'aide des documents à votre disposition : CV, comptes rendus de réunions, relecture des bilans de fin d'année. Rappelez-vous les moments où sa motivation était au top, quels étaient les enjeux, les récompenses à la clé...

Le plus simple reste bien sûr de demander directement à la personne concernée quels sont ses objectifs : gagner en rémunération, son poste rêvé (tout le monde veut évoluer, vous compris), ses ambitions pour l'avenir... ? Expliquez-lui votre démarche pour éviter qu'il se sente piégé.

Si vous faites partie d'une grosse structure, vous pouvez demander à solliciter les services d'un consultant (extérieur donc) pour mieux comprendre la dynamique de votre équipe.

Donner confiance aux mauvais éléments

Lorsque vous faites face un salarié en difficulté, vous devez comprendre ce qui ne va pas, mais surtout lui redonner confiance en ses capacités pour le remettre sur le chemin de la productivité. Un chef qui « casse » son employé le perd, contrairement à celui qui formule la critique en s'appuyant sur les points positifs.

> ***L'entretien catastrophe de Fabrice***
> *Fabrice fait du mauvais travail depuis plusieurs semaines. Il arrive en retard, il bâcle ses opérations, il ne propose rien en réunion Sans prévenir, son chef lui envoie un mail de convocation pour faire un point. Le jour J, il lui annonce : « J'ai un problème, tes résultats sont négatifs depuis des semaines. Je ne sais plus quoi faire avec toi. Tu traînes des pieds, tu râles, tu rejettes les remarques qu'on te fait. J'ai essayé de t'envoyer des signaux mais tu les ignores. Ça ne peut plus durer. À partir de maintenant, on va te retirer les gros dossiers. Tu vas te concentrer sur les tâches simples. En attendant de trouver une solution, j'aimerais savoir ce qu'il se passe. »*
> *Accablé, Fabrice n'a pas su répondre ni formuler ses besoins. Il ressort de l'entretien en se sentant écrasé et encore plus nul. Une semaine après, il se met en arrêt maladie.*

Autant dire que, si Fabrice n'est pas au meilleur de sa forme, son chef est encore pire. En termes de management, l'entretien est catastrophique pour les raisons suivantes :

- le chef n'a fait preuve d'aucune empathie ;
- il a énoncé des constats et des vérités générales en désignant un « tu » accusateur ;
- il ne propose aucune solution ;

- avant de comprendre Fabrice, il l'a déjà éjecté ;
- il renvoie à Fabrice une image exclusivement négative.

En faisant preuve d'optimisme, vous montrez à l'autre que vous croyez en ses capacités et qu'il a toujours votre confiance. S'il veut s'en montrer digne, il agira en conséquence. Cela peut sembler paradoxal ? Revenons à l'exemple de Fabrice. Son chef aurait pu aussi lui dire :

« Fabrice, je suis content que nous fassions cet entretien. J'ai remarqué que depuis quelques semaines tu sembles un peu absent et moins investi. Ceci se ressent dans tes résultats mensuels. D'ordinaire, tes propositions enrichissantes et ton entrain participent au bon fonctionnement du groupe. Cela manque à l'équipe. Est-ce que tu peux me dire comment tu vois les choses ? Y a-t-il quelque chose qui te manque ? »

Fabrice pourrait alors expliquer qu'il n'a plus vraiment le cœur à l'ouvrage car sa femme a enclenché une procédure de divorce. Il se pose des questions sur sa vie. Cela fait des années qu'il effectue le même travail, il n'y trouve plus grand sens.

Son chef lui répondrait : « J'entends ce que tu dis, je suis désolé pour ton divorce et je comprends mieux désormais ton comportement. Si tu as besoin de poser des congés pour prendre du temps, dis-le moi. En attendant, peux-tu me dire ce que tu te sens de faire ? Y a-t-il des dossiers que tu aimerais avoir en moins ? D'autres que tu veux garder ? Nous pouvons revoir tes objectifs du mois à la baisse si cela peut te soulager. Je peux également demander aux RH le catalogue des formations disponibles que tu pourrais suivre pour t'aider à y voir plus clair dans ton parcours et tes envies. »

En faisant preuve d'empathie, le chef crée un espace sécurisé pour Fabrice dans le cadre du travail. En le laissant décider de ses objectifs, il lui donne l'impression de reprendre le contrôle. Il devient l'acteur et le charpentier de sa remontée professionnelle.

LE RÉCAP'

Pour bien communiquer au travail

En théorie

› Le bureau ressemble très souvent à une cour de récréation. Nous avons besoin de nous sentir intégrés et il y aura toujours des gens pour nous apprécier.
› Vos collègues ne sont pas (tout de suite) vos amis : attendez de pouvoir leur faire confiance.
› La critique est une action positive.
› Le contexte de vos demandes au boss influence vos chances de réussite.
› Votre patron est un être humain lui aussi.
› On recrée parfois nos schémas familiaux au bureau.
› Plus vous enfoncez votre employé, plus il sera nul.
› Votre équipe a besoin de trois choses fondamentales : la confiance, la justice, l'adhésion aux valeurs.
› On ne remotive pas son équipe : on comprend ce qui l'a démotivée.

En pratique

› On observe patiemment le fonctionnement du groupe pour s'y intégrer.
› On imagine les 1 001 vies du collègue difficile.
› On s'exprime avec la méthode XYZ.
› On évite les transferts en disant les choses aux bonnes personnes.
› On reformule la critique de notre chef avec nos propres mots.
› On choisit le bon moment pour faire ses demandes.

> ❯ On s'inquiète de son boss, puisque personne ne le fait.
> ❯ On fait des feed-backs, mauvais comme bons, à son équipe.
> ❯ On fait des critiques à l'aide de louanges.
> ❯ On diminue les contraintes et les limites pour susciter la créativité.
> ❯ On fait preuve d'empathie avec ses employés, on devine leurs leviers de motivation.

L'INTELLIGENCE ÉMOTIONNELLE AVEC LES AUTRES

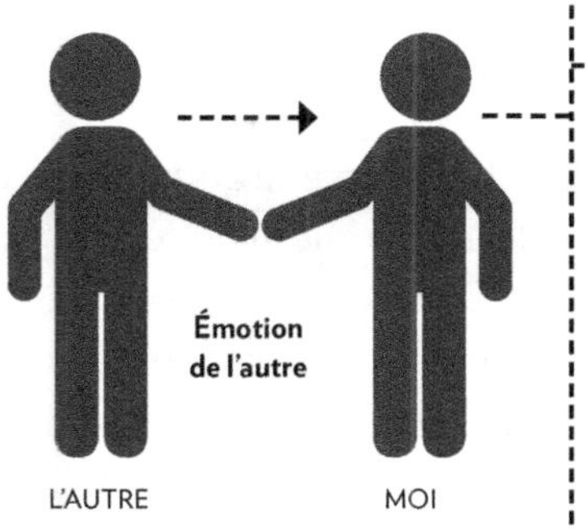

J'OBSERVE

Je me maîtrise. Je ne juge pas les autres. Je fais le *check-in* du langage non verbal. Je suis en écoute active : pas d'interruption / posture engagée / questions ouvertes. J'accepte l'émotion de l'autre et sa différence.

JE ME METS EN EMPATHIE

J'évite de faire un transfert avec mon expérience. J'enfile le costume de l'autre : contexte / besoins / perspectives… J'imagine les 1001 vies possibles de la personne difficile. Je me mets en empathie physique en reprenant des gestes de l'autre. Je décrypte les dialogues invisibles. Je fais la différence entre ce que je ne peux pas changer / ce que je peux espérer / ce que je peux dire ou faire.

J'INTERAGIS

Je visualise les forces en présence. Je garde mon calme. Je donne le « la » émotionnel. Je dis à l'autre que je l'ai entendu et compris. J'utilise la méthode XYZ. Je critique avec une louange. Je reformule les propos de façon positive. Je choisis le bon moment. Je remercie. Je n'utilise pas le « tu » qui tue. Je suis les règles de la bonne dispute.

JE RÉSOUS

J'utilise la méthode du miroir pour aider l'autre. J'imagine le scénario le plus juste. Je fais primer la solution sur l'ego. Je pardonne. J'amène l'autre à sa propre solution. J'évite de faire de l'ingérence. Je fais confiance pour rebooster.

CONCLUSION AVEC L'INTELLIGENCE ÉMOTIONNELLE, LE CHAMP DES POSSIBLES S'OUVRE À VOUS !

Que vous ayez lu ce livre un peu, par petits morceaux ou jusqu'au bout, j'espère qu'il vous aura été utile. Au moment de conclure, je retiens moi-même que l'intelligence émotionnelle nous permet surtout d'ouvrir le champ des possibles de notre vie. Il faut comprendre que nos émotions ne sont pas des ennemies mais des alliées : il suffit d'écouter ce qu'elles ont à nous dire sur nous-même, sur nos besoins. Cela nous force à être humble, à nous remettre en question, à changer de perspective sur des croyances que l'on pensait immuables. Vis-à-vis des autres, l'IE nous encourage à nous armer de patience, de tolérance, d'indulgence, et à rechercher l'harmonie. Grâce à elle, rien n'est jamais figé dans la pierre !

Mais pourquoi tous ces efforts au juste ? Pour s'accorder, à soi et aux autres, le droit d'être humain. Pour posséder un outil de changement puissant et réussir à faire ses propres choix. Pour ne plus craindre la vie mais la vivre entièrement. Pour déployer son potentiel et ses relations avec les autres. Si nous prêtions tous un peu mieux l'oreille au langage des émotions, à sa mécanique, si nous cultivions l'empathie, alors nous pourrions dessiner une société plus souple, plus douce, plus vibrante.

Selon le psychologue américain Howard Gardner, il existe de multiples formes d'intelligences, mais nous en étudions seulement quelques-unes à l'école, comme l'intelligence mathématique et l'intelligence linguistique. Certains spécialistes évoquent aujourd'hui l'idée d'enseigner aux enfants l'intelligence émotionnelle, tant les bienfaits sur la santé, le développement personnel, les relations interpersonnelles et le travail ne sont plus à démontrer. C'est une perspective réjouissante.

Cependant, n'oubliez pas que l'intelligence émotionnelle n'est pas une méthode, une théorie, une science : elle m'apparaît désormais presque comme une philosophie, qui nous pousse au respect, à l'écoute, à la bienveillance. Elle ne s'apprend pas par cœur, elle se pratique au quotidien, par des petits mots, des gestes, des attentions qui nous grandissent. Certains jours, nous n'aurons pas assez de force pour essayer de développer notre intelligence émotionnelle. Nous commettrons des erreurs, des faux pas. Mais rien ne sera jamais perdu : l'IE est une chance qui se présentera tous les jours.

POUR ALLER PLUS LOIN

BIBLIOGRAPHIE

Boris Cyrulnik (sous dir.), *Sciences Psy : Comment fonctionnent nos émotions,* Philippe Duval, 2015

Thomas d'Ansembourg, *Cessez d'être gentil soyez vrai ! Être avec les autres en restant soi-même,* Éditions de l'Homme, 2004

Isabelle Filliozat, *« J'ai tout essayé ! » : Oppositions, pleurs et crises de rage : traverser la période de 1 à 5 ans,* Marabout, 2013

Khalil Gibran, *Le Prophète,* première publication en 1923, Librio, 2017

Daniel Goleman, *L'intelligence émotionnelle, tome 1 : Accepter ses émotions pour développer une intelligence nouvelle,* Robert Laffont, 1997, J'ai lu, 2003 ; *tome 2, Maîtriser nos émotions pour améliorer nos compétences personnelles et sociales,* Robert Laffont, 1999, J'ai lu, 2003

Catherine Gueguen, *Pour une enfance heureuse : Repenser l'éducation à la lumière des dernières découvertes sur le cerveau,* Pocket, 2015

Stéphanie Hahusseau, *Tristesse, peur, colère : Agir sur ses émotions,* Odile Jacob, 2011

Alexandre Jollien, *Petit traité de l'abandon : Pensées pour accueillir la vie telle qu'elle se propose,* Le Seuil, 2012, Points Essai, 2015

Saverio Tomasella, *Hypersensibles, trop sensibles pour être heureux ?*, Eyrolles, 2012
Kim Vu Dinh (trad.), *Contes des vies antérieures du Bouddha*, Points Sagesses, 2014

CONFÉRENCES EN LIGNE

Lisa Bellinghausen, *L'intelligence émotionnelle en 20 minutes*
https://youtu.be/u4jvzzY9_Fo
Stephane Bouchard, *Berner le cerveau pour traiter les troubles d'anxiété*, TEDxGatineau
https://youtu.be/ClvuG5kbt2I
Bernard Flavien, *L'intelligence émotionnelle : quelle utilité dans l'entreprise ?*, Grenoble École de Management
https://youtu.be/flecCNe8yCA
Ilios Kotsou, *Désobéir à la tyrannie des émotions*, TEDxVaugirardRoad
https://youtu.be/yX7xQfUtwqA
Guy Winch, *How to practice emotional hygiene*, TEDxLinnaeusUniversity (en anglais)
https://youtu.be/rni41c9iq54

REMERCIEMENTS

Un immense merci à mes amis, beaux et imparfaits, avec lesquels j'apprends à grandir et à enrichir ma pensée. Merci à ma famille, parfois colérique, excessive, bruyante, susceptible, volcanique, dévorante et aimante. Merci à mon compagnon, avec lequel j'ai appris à me disputer et aimer d'autant plus fort.

Merci à tous les professionnels, psychologues et coachs rencontrés dans l'exercice de ma profession de journaliste, dont nos échanges m'ont nourrie pour cet ouvrage : Pascal Neveu, Steredenn Hudson-Offret, Valérie Moissonnier, Marcel Rufo, Muriel Salmona, Saverio Tomasella, Valérie Rocoplan, Francis Boyer, Aude Roy, Sylvaine Pascual, Martine Van Went, Pascale Baumeister et bien d'autres.

Merci enfin à Sophie Carquain et aux éditions Leduc.s pour leur confiance et leur bienveillance.

TABLE DES MATIÈRES

Achevé d'imprimer en France
par CPI Bussière
à Saint-Amand-Montrond (18)
Dépôt légal : juin 2018
N° d'impression : 2036536